監修者——五味文彦／佐藤信／高埜利彦／宮地正人／吉田伸之

［カバー表写真］
東京都府中市武蔵台遺跡の
旧石器発掘調査状況

［カバー裏写真］
ナイフ形石器
（長万部町オバルベツ２遺跡出土）

［扉写真］
長野県日向林B遺跡の
旧石器遺物出土状況

日本史リブレット 1

旧石器時代の社会と文化

Shiraishi Hiroyuki
白石浩之

目次

①―旧石器時代へのタイムトンネル

研究の歴史

デンマーク人で王立北欧古物博物館のトムセンは一八三六年に人類の歴史を石器時代、青銅器時代、鉄器時代の三時期に区分した。そのうち石器時代は、一八六五年にイギリス人で銀行家兼先史学者のジョン・ラボック（ロード・アベバリー）が『先史時代』という書をまとめ、絶滅動物を含む旧石器時代の存在を明らかにし、石器時代を旧石器時代と新石器時代に二分した。

一方日本では最も古い文化は永らく縄文時代と考えられていた。昭和前半の日本を代表する考古学者（江上波夫・後藤守一・山内清男・八幡一郎・甲野勇）によって、「日本石器時代文化の源流と下限を語る」と題する座談会が一九三六（昭和十一）年に開かれた。実にラボックが旧石器時代の存在を提唱して七〇年後のことである。その中で「日本に旧石器時代があったらうか」の一節を見てみよう。山内氏は「旧石器として確実なものは無いでせう」と発言し、司会の甲野氏は「日本新石器時代の実年代」で、「さうすると今の所、日本で最も古い文化は縄紋式石器時代文化と云う事になりますね」と念を押すと、山内氏は「はじめ縄紋式があって、その次に弥生式、それから古墳時代と来る訳ですね」と断言する。このように戦前の考古学の研究の視点とその水準が鮮明にかいま見られる。とりわけ旧石器時代の遺跡や石器について確実な例は認められないとされた。つまり旧石器時代に一歩踏み込んで積極的に解明していこうとする姿勢は、残念ながら戦前には見られなかったと言わざるを得ない。▲

日本における旧石器時代の存否は、戦後まもなく相沢忠洋《あいざわただひろ》氏の血のにじむような執念によって、群馬県みどり市岩宿《いわじゅく》遺跡で赤土から石器を発見し、明治大学の杉原荘介氏や芹沢長介氏等の学術的な発掘調査によって決着したのである。つまり笠懸腐植土《かさがけふしょくど》層（黒土層）より下位の関東ローム層中（赤土）から確実に土器を伴わない石器が層位的に出土したのである。最下層の岩宿暗褐色粘土層とよばれた黒色帯から出土した局部磨製石斧《きょくぶませいせきふ》と比較的大形の縦長剥片を素材とした基部加工のナイフ状石器で組成される岩宿Ⅰ石器文化、その上層の阿左見《あさみ》層黄褐色細粒砂層《さいりゅうさそう》下部に切出形石器や角錐状《かくすいじょう》石器の岩宿Ⅱの石器文化、そして岩宿遺跡の端緒を飾るポイントが阿左見層黄褐色細粒砂層上部の岩宿Ⅲの石

▼戦前の考古学の視点　明治時代にはニール・ゴードン・マンローによって『先史時代の日本』が刊行され、その中で、神奈川県早川や酒匂川の段丘礫層で採集された石器を旧石器の可能性があると指摘した。その後大山柏氏は大正から昭和初期にかけて、ヨーロッパで旧石器をつぶさに研究し、『日本旧石器文化存否研究』を著わし、日本には旧石器は認められない旨を発表した。

▼パヂタニアン　インドネシア・ジャワ島のバクソカ川の段丘で採集されたチョッパーやチョッピングツールが主な石器で、前期旧石器と推定されている。

▼ホアビニアン　ベトナムのホアビン省の洞穴で発掘されたもので、片面加工の石斧や砥石、凹石などが出土している。沖積世をさかのぼらない時期と考えられた。

器文化と想定した。このことをもって縄文時代以前の無土器文化ないしは先縄文文化としてとらえられていくのである(三九ページ参照)。

相沢忠洋氏は群馬県桐生市不二山《ふじやま》遺跡、同県伊勢崎市権現山《ごんげんやま》遺跡において、岩宿Ⅰ石器文化より古期の石器群を発見した。この新発見の石器にドイツ人のJ・マリンガーがいち早く着目し、権現山Ⅰ・Ⅱの石器群をインドネシアのパヂタニアン▲、先の岩宿Ⅰをインドシナないしインドに分布するホアビニアン▲に、権現山Ⅲをスマトラリス▲に、岩宿Ⅱをトアラ文化▲に対比したのである。そしてこの系統観を基にして山内清男・佐藤達夫両氏は旧石器には磨製技術を認めない立場から無土器新石器時代説を強調し、その年代をBC五〇〇〇年をさかのぼるものではないと推定した▲。

しかしこの短期編年論の視点に対して芹沢長介氏は前期旧石器時代は中国や南アジアから、ナイフ形石器等のブレイドを主体とした文化はシベリアや中国北部に系統に求め、マリンガー氏や山内氏等とは相入れない系統観を提示したのである。そして芹沢氏は地学団体研究会による地質学的成果を導入し、併せてアメリカ・ミシガン大学でBC七五九一±四〇〇年(今から約九〇〇〇年前)

▼**スマトラリス**　インドネシア・スマトラ島のマラッカ海峡に面する貝塚で出土、楕円形の片面加工の礫斧が特徴で、ホアビン文化に属する。

▼**トアラ文化**　トアレ文化とも言われ、インドネシア・セレベス島の細石器を中心とした石器群を指している。バックドブレイド(ナイフ形石器)や幾何形細石器(台形石器)などが出土している。

▼**無土器新石器時代説**　山内・佐藤両氏は青森県東北町長者久保遺跡と長野県伊那市神子柴遺跡の石器群をシベリアのイサコボ文化に対比させ、BC四〇〇〇〜BC三〇〇〇年の年代を推定した。また旧石器とした資料は大分市丹生遺跡、群馬県桐生市不二山遺跡、同県伊勢崎市権現山遺跡Ⅰ・Ⅱのみとした。この山内氏らの観点はラボックの旧石器時代と新石器時代の区分法による影響が大きい。

図1　時代区分の諸説

	旧石器時代			縄文時代				
① 芹沢説	前期	後期	中石器	早	前	中	後	晩
② 小林説	旧石器時代		草創期	早	前	中	後	晩
③ 杉原説	先土器時代		原土器	早	前	中	後	晩
④ 八幡説	先縄文時代		草創期	早	前	中	後	晩
⑤ 角田説	岩宿時代		大森貝塚時代					
⑥ 山内説	旧石器	無土器	草創期	早	前	中	後	晩
		新石器時代						

という驚くべき古期の年代が神奈川県横須賀市夏島《なつしま》貝塚の木炭やカキによって測定されたことを重視して、土器の出現を一万年前とし、それ以前を旧石器時代と考慮し、長期編年論を広めていくのである。

その後、杉原荘介氏は『日本の考古学Ⅰ　日本の先土器時代』を刊行することによって先土器時代説は一時定着していくが、最近では石器が火山灰や花粉分析等、各種の年代測定によって更新世《こうしんせい》に属することが明白になり、旧石器時代の用語が定着している。他方このような時代区分の呼称がめまぐるしく変化し、混乱を来たしやすいという点から、岩宿時代の名称を用いたらどうかという意見もあるが、本書では旧石器時代とよんで進めていくことにする（図1）。

旧石器時代は時期区分として前期（約一三万年以前）、中期（約一三万〜三万五〇〇〇年前）、後期（約三万七〇〇〇〜一万七〇〇〇年前）に区分される。前・中期は宮城県栗原市上高森や埼玉県秩父市小鹿坂《おがさか》など東北旧石器文化研究所藤村新一前副理事長がかかわった遺跡がねつ造されたことから、今後藤村新一が関与しなかった遺跡の詳細な分析や周辺大陸との比較によって明らかにすることができるであろう。

なお、後期旧石器時代は一万カ所を越える遺跡が全国で検出され▲、発掘調査も多く実施されている。その結果、石器群の広がりや出土層位、石器組成等詳細な型式や編年そして地域性、集落構造や石材採取のネットワーク等具体的に研究が深化されている。加えて各地域で新発見の旧石器時代の遺跡や遺物の情報交換会、シンポジウムなどが活発に行なわれている。したがってねつ造問題のあった前・中期旧石器時代と、岩宿遺跡発掘後五十数年を経た健全な研究実績のある後期旧石器時代を決して同一視してはならない。

▼**旧石器時代の遺跡数**　二〇〇八年六月、日本旧石器学会の総会および研究会において集積途上であるが一万四三一カ所の旧石器時代の遺跡の存在が発表された。

第四紀と旧石器時代

更新世の前期は約二〇〇万年前に相当する。そして中期更新世が約九〇万～一三万年前、後期更新世が約一三万～一万四〇〇〇年前とおおむね年代区分されている。後期更新世は最終間氷期《かんぴょうき》時代がおよそ一三万～七万年前、最終氷期がおよそ七万～一万年前であり、氷期と間氷期が交互に訪れた時期と考えられている。つまり更新世の後期はリス氷期からリス－ウィルム間氷期、そしてウィルム氷期へと変化していった時期でもある。最終氷期の約二万六〇〇〇年前の時期は最寒冷期であるといわれ、海水面は現海面よりおよそ一二〇メートルも低下していたと推定されている。このような寒冷なデータは福沢仁之氏によって、鳥取県湯梨浜町東郷《とうごう》池や福井県若狭町水月《すいげつ》湖等の汽水湖沼の年縞《ねんこう》堆積物▲によってもおおむね裏付けられている。

またスティヴァーらのグリーンランド氷床コアの酸素同位体比からみた気候変動の表をもとにして、春成秀爾氏が旧石器時代から縄文草創期にスポットをあてて、わかりやすく暦年代にして紹介している。そうすると縄文草創期初頭期が最古ドリアス期よりさらに古く、後期更新世終末に位置づけられる。また約三万二〇〇〇～一万六〇〇〇年前は総体的に寒冷で、おおよそ二万年より以前は温度差があるが極寒であったことがわかる（図2）。

そこで当然日本と大陸との陸橋が大きな問題になろう。那須孝悌氏は日本列島と朝鮮半島は陸化していなかったものと推定している。それでも海面の低下によって朝鮮半島は至近距離になり、渡航するには容易な距離であったであろう。

リス氷期の後半からリス－ウィルム間氷期にかけて、中国東北部から黄土《こうど》動

▼**年縞堆積物**　福沢仁之氏によれば、一年単位の植物プランクトンによる薄い泥層が何枚も堆積したもの。その枚数を数えれば、正確な年数や季節もわかるという。また中川毅氏は水月湖の年縞堆積物の調査によって七万年分の年縞を把握し、世界標準のものさしになった。なお姶良Tn火山灰も三万年前と確定された。

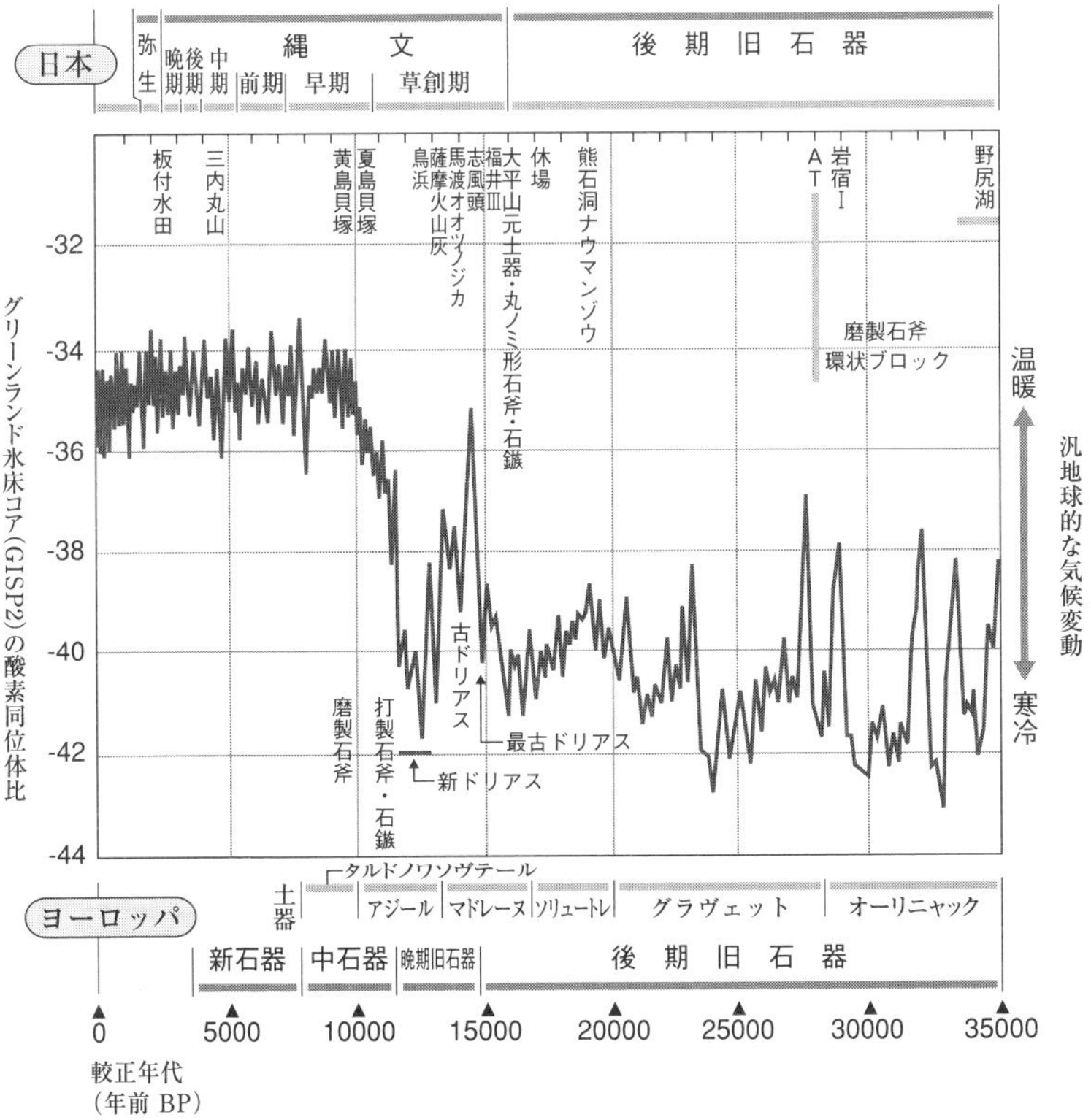

●—図2　グリーンランド氷床コアの酸素同位体比からみた気候の変化

物群であるナウマンゾウやヤギュウなどの大形動物が、また北からはマンモス動物群であるヘラジカやオオツノシカが移り棲んだ。河村善也氏は後期更新世に北方からヘラジカやオーロックス、ヤギュウが渡って来たが、その動物の種類は限られたもので、後期更新世の時期に中国北部の黄土動物群が大規模に渡来したのではなく、もっと古い中期更新世に中国北中部の動物群に類似した大形動物が列島内にも既に棲息していたと考えた(図3)。

長野県信濃町野尻湖立ケ鼻遺跡▲では五万~三万年前を越える時期にナウマンゾウやヤベオオツノシカそしてヒグマ、岩手県一関市花泉《はないずみ》遺跡▲では約二万七〇〇〇年前のナウマンゾウ、ヤベオオツノシカ、ヘラジカ、ハナイズミモリウシ、オーロックスが発掘されていることからもわかるように、二万七〇〇〇年前までは多様な大形動物が棲息していたものと思われる。

植生では東京都小金井市野川中洲北《なかすきた》遺跡の約三万五〇〇〇年前の第I泥炭層から、広葉樹のミズナラを主体とした植物化石、宮城県仙台市富沢《とみざわ》遺跡では約二万八〇〇〇~二万三〇〇〇年前のモミ属、トウヒ属やカラマツ属の針葉樹を中心としてハンノキ、ヤシャブシ等の広葉樹がわずかに認められている。この

▼**野尻湖立ケ鼻遺跡**　ナウマンゾウの骨製のクリーバー、骨製槍、ナイフ状骨器、スクレイパー、スパイラル剥片等が出土している。野尻湖遺跡調査団が一九六二年から発掘調査を実施し、多量の動物遺体を検出した。この遺跡を動物解体の場と考えた。

▼**花泉遺跡**　加藤晋平氏によってヤギュウの肋骨を加工した骨器の存在が指摘されている。

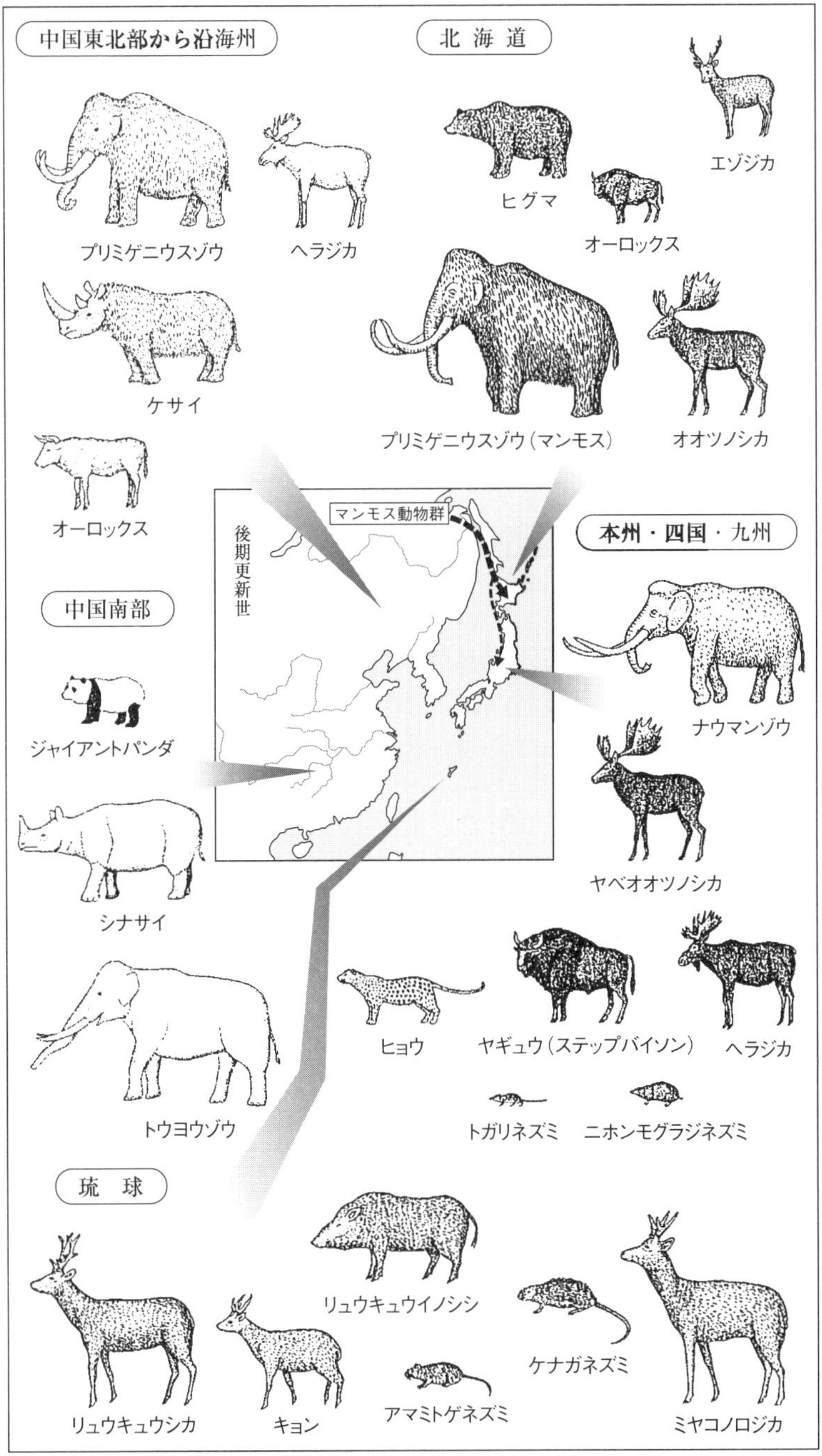

図3　後期更新世の哺乳動物

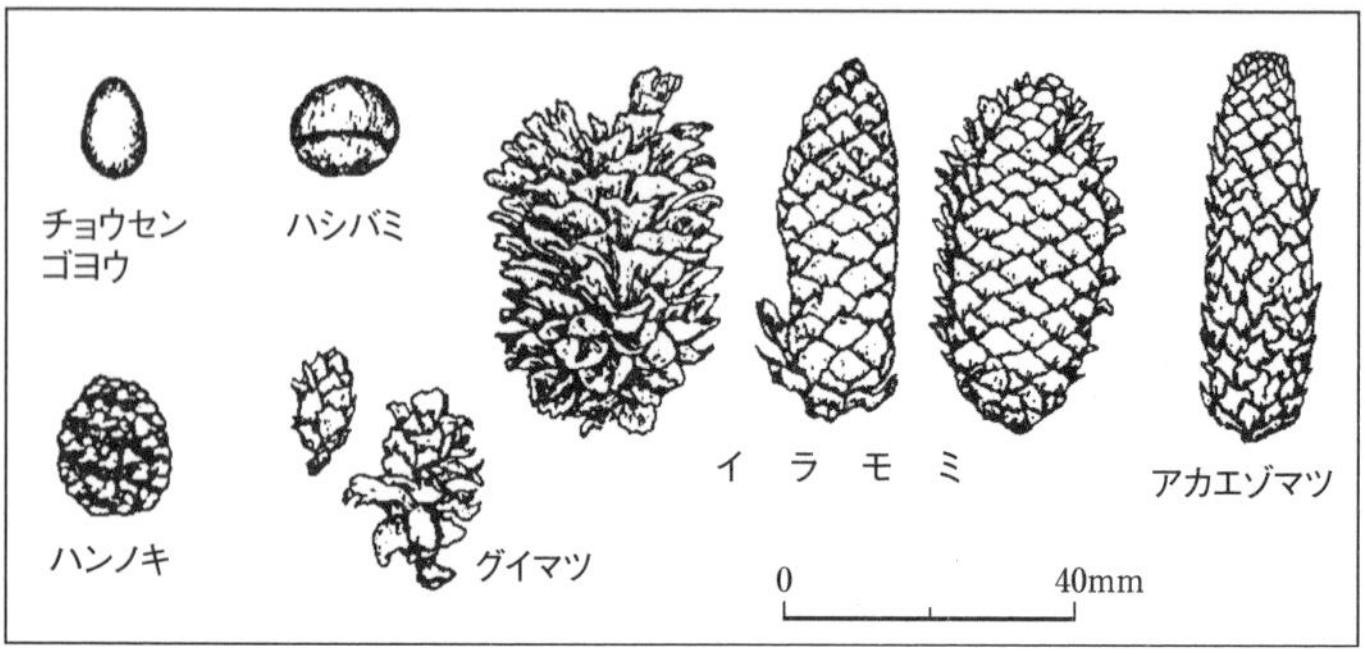

●―図4　花泉遺跡出土の植物遺体

ような植生の多くは花泉遺跡でも同様な例がみられる(図4)。また神奈川県藤沢市用田《ようだ》鳥居前《とりいまえ》遺跡ではおよそ二万三〇〇〇年前の炭化材がすべてトウヒ属であった。東京都中野区江古田《えこだ》泥炭層ではエゾマツ、カラマツ、チョウセンゴヨウの針葉樹の他に落葉広葉樹のブナやミズナラが検出され、最終氷期の時期の植生が明らかにされたのである。東京都練馬区尾崎《おさき》遺跡では約三万五〇〇〇〜一万六〇〇〇年前の寒冷な針葉樹と冷温の落葉広葉樹が検出されている。

このように植物化石の採取に今後とも努めていけば、かなり細かい植生が時期ごとに明らかになるであろう。約二万六〇〇〇年前の最寒冷期の植生を例にとると、那須孝悌氏は、緯度や標高差によって異なるものの、山岳地帯を除いて関東以西は冷温帯針広混交林が広がるのに対して、東北地方から北海道南部はグイマツを伴う亜寒帯針葉樹林が分布している点を指摘している。

火山灰と文化層

九州鹿児島県の桜島は今なお盛んに噴煙を吐きだし、北海道の壮瞥《そうべつ》町にある有珠山《うすざん》や東京都三宅島《みやけじま》の雄山では大規模な火山爆発により、多量の火山灰や火《か》砕流《さいりゅう》によって大きな災害をもたらしている。そして鹿児島県錦江湾《きんこうわん》の海底火山であった姶良《あいら》カルディラが、今から約三万年前に大噴火したことを町田洋・新井房夫両氏がつきとめた。その火砕流（入戸《いと》火砕流）は鹿児島県から熊本県にかけて広大なシラス台地を形成した。そして空高く噴出した姶良Tn火山灰（AT）は、偏西風《へんせいふう》に乗って本州地方の北端まで降下したのである。町田氏らによれば、火山灰は南九州から四国南部が約五〇センチ、愛知県から滋賀県までは約二〇センチ、東北地方南部までは一〇センチ、東北地方北部が約五センチ降灰したという。つまり給源に近いほど厚く、北に上るにつれて薄く堆積したのである（図5）。また箱根火山を給源とした相模野上位スコリア（S1S）は旧石器を多く分布する相模原台地において、ATの直上に親指大程度のスコリアがブロック状に認められ、かなり大規模な爆発であったことを物語る。約二万七〇〇〇年前の南関東地方では、ATとS1Sによる二重の火山灰降下の災害を被ったのである。

北海道では支笏《しこつ》湖周辺で約一万九〇〇〇～一万六〇〇〇年前に爆発した恵庭《えにわ》a降下軽石層の下位層で細石器《さいせっき》が出土した例が千歳市柏台遺跡で認められた。

●―図5　姶良Tn火山灰および入戸火砕流の形成のモデルと日本の代表的広域テフラ(火山噴出物)

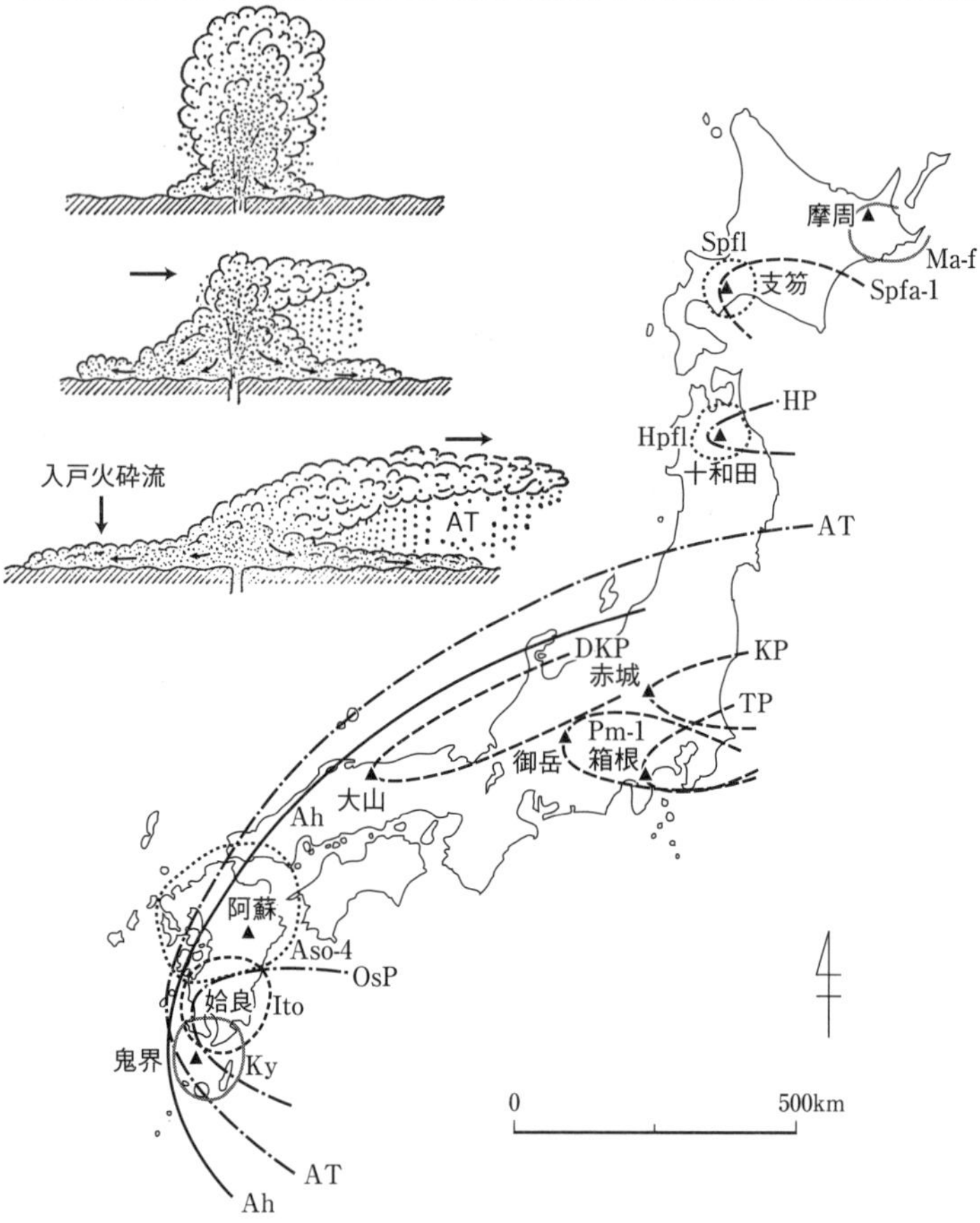

テフラ名		給源火山	年代(1000年前)
アカホヤ火山灰	(Ah)	鬼界カルデラ	7〜6
幸屋火砕流	(Ky)		
摩周火砕流	(Ma-f)	摩周カルデラ	7.6〜6
八戸火砕流	(Hpfl)	十和田カルデラ	55〜25
八戸降下軽石	(Hp)		
姶良Tn火山灰	(AT)	姶良カルデラ	30〜25
入戸火砕流	(Ito)		
大隅降下軽石	(OsP)		
支笏火砕流	(Spfl)	支笏カルデラ	44〜32
支笏降下軽石	(Spfa-1)		
鹿沼軽石	(KP)	赤城山	32
大山倉吉軽石	(DKP)	大山	50〜47
阿蘇—4火砕流	(Aso-4)	阿蘇カルデラ	90〜27
東京軽石	(TP)	箱根山	65〜60
御岳第1軽石	(Pm-1)	御岳	90〜70

その結果北海道における細石器の出現は日本列島の中で最も古く、二万年前をさかのぼる公算が大きくなった。その頃の本州地方では未だナイフ形石器や石槍が発達していた段階であった。

　群馬県では浅間山や赤城山から噴出された軽石が間層を挟んで何枚も降下している。上層から浅間－草津《くさつ》黄色軽石は約一万一〇〇〇年前、浅間－板鼻《いたはな》黄色軽石は約一万四〇〇〇年前、浅間－白糸《しらいと》軽石は約一万六〇〇〇年前、浅間－大《おお》窪沢《くぼさわ》軽石が約一万七〇〇〇年前、浅間－板鼻褐色軽石は約二万年前、そして約二万二〇〇〇年前の浅間－室田《むろた》軽石が続き、榛名《はるな》－八崎《はっさき》火山灰は約三万年前、榛名－八崎軽石は約四万年前の明瞭な鍵層が連綿と認められ、年代の大きな決めてになっていることを、新井房夫氏や早田勉氏が指摘している。

　このように、列島は火山活動が活発であったために、給源がわかる火山灰や軽石層の年代測定、その層に相前後して検出される生活遺構の炭化物を測定して、より精度の高い年代値を示すことが可能になっている。またそれらの火山灰に相前後して石器が出土しており、石器群の変遷がとらえられていることから、型式学的な裏付けが可能になっている。

相対年代と絶対年代

考古学が歴史学であるならば、遺構や遺物がいったい今から何年くらい前の所産か知らねばならない。その手がかりを得るために、検出された遺構、出土した遺物間の比較、出土層位の検討が必要となってくる。ナイフ形石器や石槍からその先後関係をとらえるには、剝片剝離《はくへんはくり》技術や石器形態の比較によって、どちらが古いのかあるいは新しいのか型式学的な検討によって、相対的な年代を得ることができる。

例えばナイフ形石器の場合、AT降灰前の約三万一〇〇〇年前の寺尾期とAT降灰後の約二万二〇〇〇年前の砂川期の時期が柳葉形・切出形二側縁加工のナイフ形石器と端部加工のナイフ形石器の組合わせをもち、約三万六〇〇〇年前の岩宿Ⅰ期は台形様石器(台形二側縁加工)と基部加工のナイフ状石器、AT降灰直後の約二万六〇〇〇年前の岩宿Ⅱ期の切出形石器(切出形二側縁加工)と基部加工のナイフ形石器の組合わせをもっている。石器群は岩宿Ⅰ→後田→寺尾→岩宿Ⅱ→砂川→月見野の変遷を辿り、加工部位が台形二側縁加工＋基部加工→柳葉形・切出形二側縁加工＋端部加工→切出形二側縁加工＋基部加工→柳葉形・切出形・台形二側縁加工＋端部加工といった組成をもって、石材や剝片剝離技術、調整加工を変えながら石器が変化している様子がうかがえる。

　寺尾期はナイフ形石器が主体だが、砂川期はナイフ形石器とともに両面加工の石槍を伴っている。また岩宿期Ⅰ期は台形様石器と基部加工が主体だが、岩宿Ⅱ期はその前半で切出形石器と基部加工そして一側縁加工のナイフ形石器や角錐状石器が、後半には新たに左右非対称形の石槍が加わるのである。

　出土層位が明らかであれば石器群の序列がつく。地質学では地層塁重《ちそうるいじゅう》の法則が重視される。デンマーク人ニコラウス・ステーは「相重なる二つの地層のうち、本来下位にあった地層は上位の地層より古い」と法則化した。そして、イギリス人ウィリアム・スミスによって地層同定《どうてい》の法則「一つの地層には、その地層特有な化石が含まれていて、その化石は上の地層にも、その下の地層にもふくまれていない」とされた。この二つの法則は石器を出土する文化層にもあてはまり、その文化層が層を違えて形成されている場合は新旧を決定することができた▲(図6)。

　このように地層が乱れておらず、そこから層を違えて複数の石器が出土すれ

▼**石器の序列**　地層の形成が整合していれば、層位は型式に優先するが、時にはミミズやモグラ、木の根などによって上層の遺物が下層に入り込む場合もあろう。その場合は型式学的な視点から追求する必要がある。

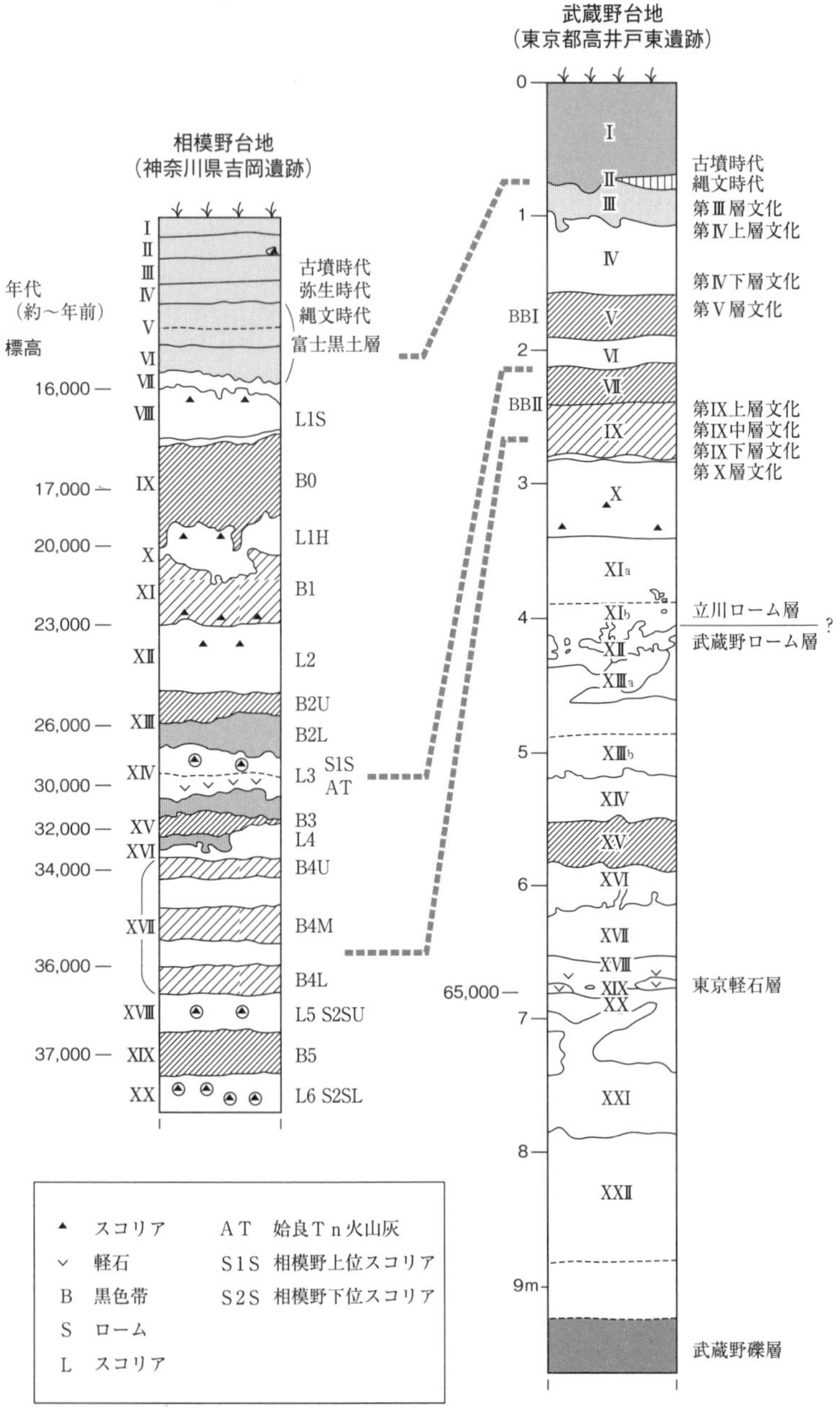

●──図6　自然層序と石器群の出土層位

ば、序列をつけることは可能であろう。しかし比較する石器が遺跡内で認められない場合は、石器の形態、石材、製作技術、石器組成等の比較によって、この石器(群)はあの石器(群)より新しいとか、より古いとかいった相対的な新旧の序列が型式学的研究によって判断され、おおよそ何年前とする年代提示が可能である。

一方絶対年代は限りなく暦年代に近い数値で、主として考古学者は検出された素材(木材・炭・骨・貝殻・岩石など)を提供することによって、その絶対年代のデータの捕捉《ほそく》は物理学の研究者によって行なわれる。たとえばよく知られている木材の年輪を数えて年代を測定する年輪年代学がある。また米人ウィラード・リビーによって開発された放射性炭素年代測定は、^{14}Cが放射線を出しながら崩壊し、ついには^{12}Cに変化するが、その半減期《はんげんき》▲が五五六八±三〇年であることを年代測定に利用した測定法▲である。そのほかフィッショントラック法、電子スピン法、カリウム・アルゴン法、古地磁気法などがあるが、それぞれ測定する素材や年代の幅に適した理化学的年代測定法であるので、適切に行なう必要がある。

▼**^{14}Cの半減期**　中村俊夫氏によれば、^{14}C測定にあたって国際機関であるラディオカーボン・コミュニティの取り決めにより、リビーの半減期五五六八±三〇年を用いることになっているという。したがって最も現在正確な半減期五七三〇±四〇年は用いないことになっている。

▼**炭素14年代法**　従来の炭素14年代法はβ線法とよばれるが、最近は加速器質量分析(AMS)法による測定によって微量な炭化物でも測れるようになった。また^{14}C年代を暦年代として理解していこうとする動きがある。例えばβ線法では〇〇〇〇±〇〇〇BPと記しているのを、暦年〇〇〇〇〜〇〇〇〇CalBPと明示する。

共通して注意すべき点は、測定材料の木材や炭、骨などが後世に汚染されていないかどうか十分配慮しなければ正確な年代は得られない。また異なる理化学年代法を相互にクロスチェックして年代を調べることはもちろんだが、^{14}C年代測定による資料の蓄積▲が必要であろう。

▼^{14}C年代測定による資料の蓄積
工藤雄一郎氏や小林謙一氏によって、旧石器時代から縄文時代にかけて^{14}C年代測定が増加している。とりわけ工藤氏は該期一二六遺跡の^{14}C年代測定資料を整備した。本書では旧石器時代から縄文時代草創期の暦年代は両氏の分析を参考にして示している。

②—石器の原料・技術・分布

石材原産地と石器群

日本列島を大きく縦断するようにグリーンタフ▲が北海道の南部から東北日本、北陸、島根県の日本海岸、中部地方から関東地方の丹沢山地を抜けて伊豆そして硫黄島まで広がっている。

黒曜石《こくようせき》▲はガラス質の火山岩で、藁科哲男氏によって六七カ所の原産地が確認されている。北海道一一カ所、東北地方一二カ所、越後・北陸地方七カ所、関東地方六カ所、中部地方六カ所、隠岐地域四カ所、九州地方二一カ所よりなる(図7上)。望月明彦氏は中部地方の黒曜石原産地について従前の分析に加え、和田峠《わだとうげ》1群〜4群、男女倉《おめぐら》1群〜3群などさらなる詳細な産地同定を明らかにしようとしている。また藁科氏はサヌカイト▲の原産地を二五カ所明らかにした。大阪湾の沿岸ないし淡路島、瀬戸内海播磨灘沿岸、西北九州に集中し、西日本に偏《かたよ》って分布していることが把握されている(図7下)。

柴田徹と山本薫両氏は関東地方の消費地としての遺跡出土の石器石材と石材

▼グリーンタフ　火山岩で変質して緑色をした凝灰岩《ぎょうかいがん》。

▼黒曜石　山田直利氏によれば、黒曜石はガラス光沢のある流紋岩やデイサイト質のガラス質火山岩であるという。そのため、薄く剝ぎとると、その縁辺はかみそりの刃のように鋭利になることから、石器時代のひとびとは積極的に良質の黒曜石を求めて石器石材に利用した。

▼サヌカイト　輝石安山岩で、四国讃岐地方から多く産出することで知られ、讃岐石ともいわれる。

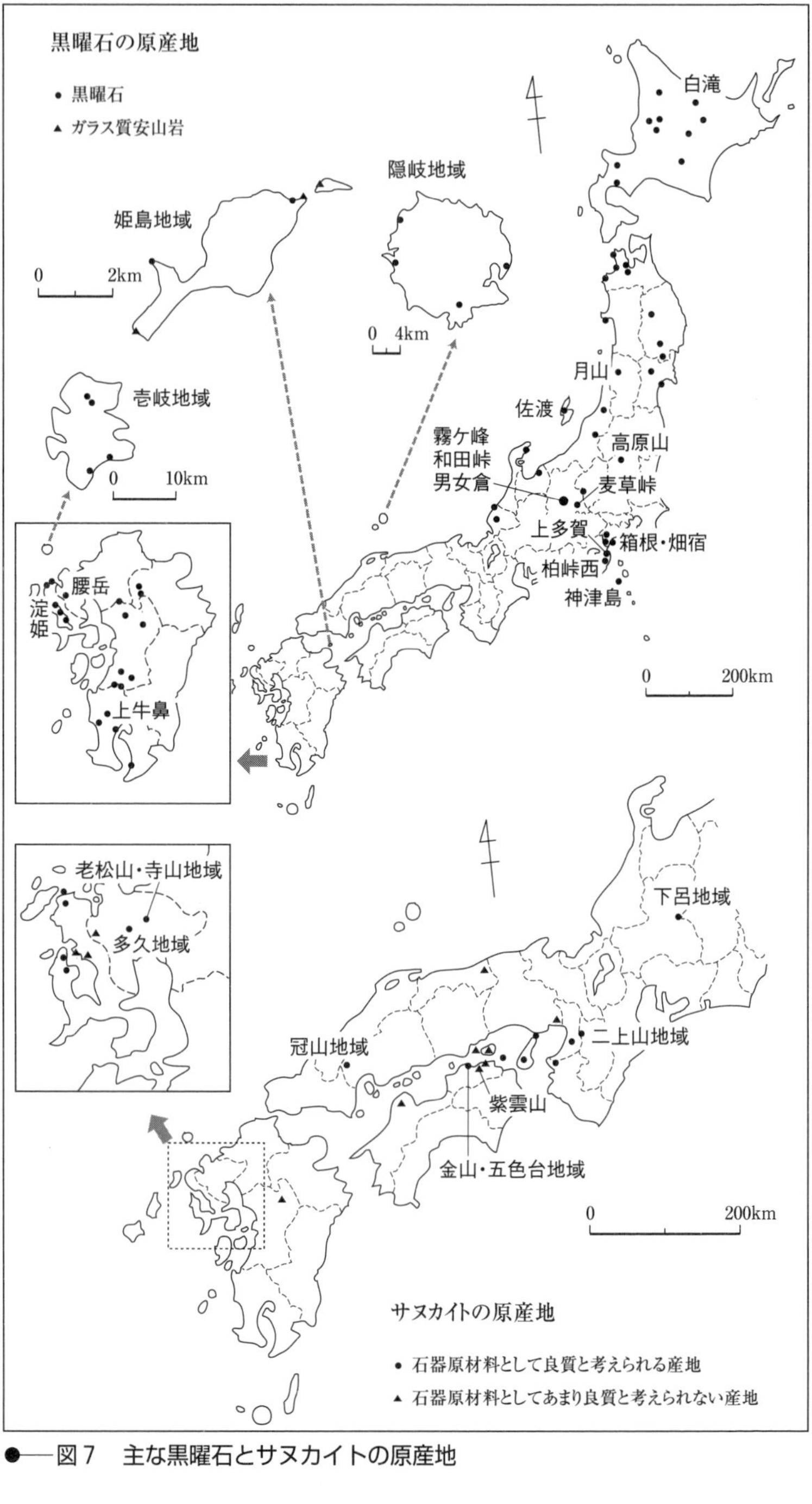

●—図7　主な黒曜石とサヌカイトの原産地

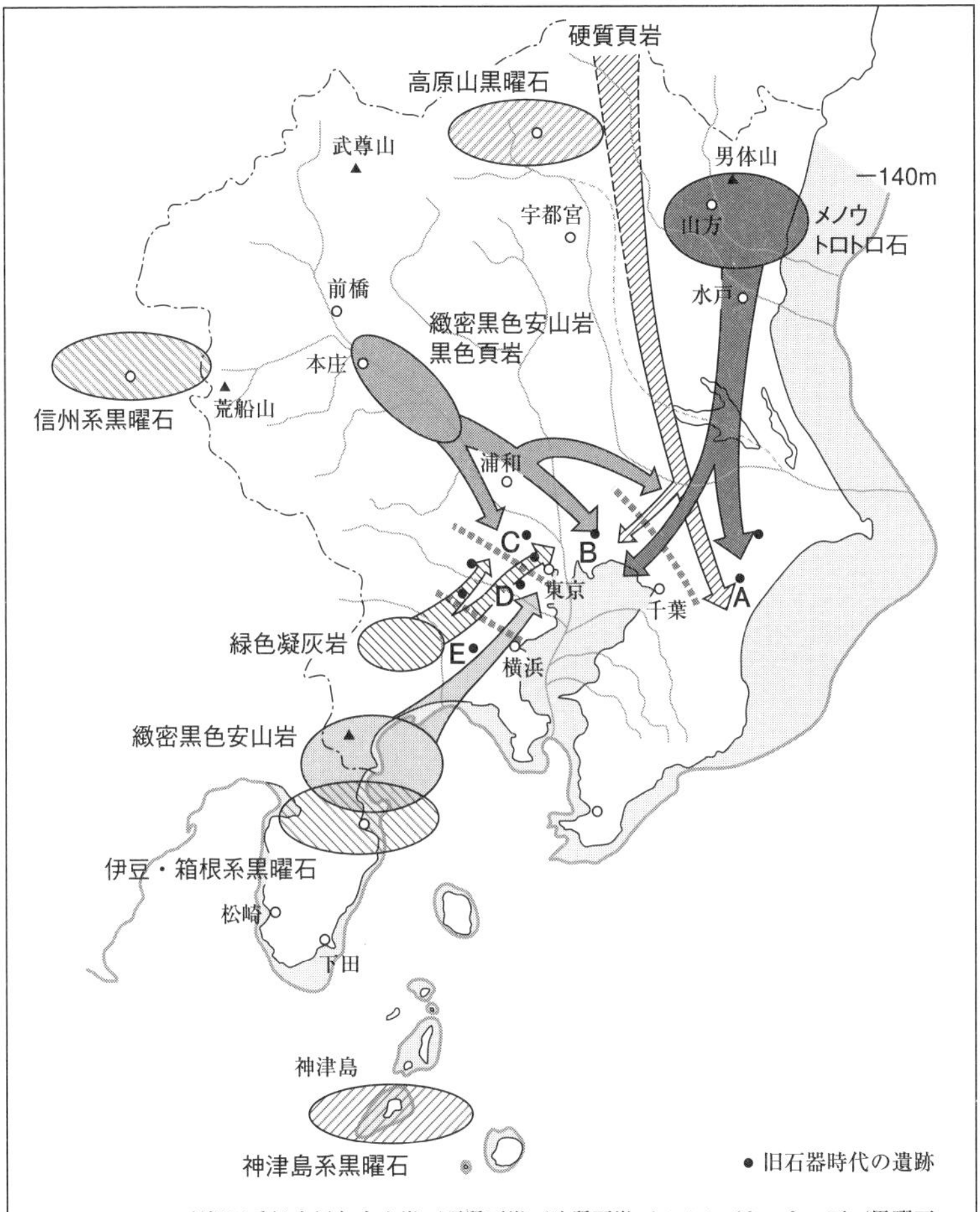

A：利根川系緻密黒色安山岩／硬質頁岩／珪質頁岩／メノウ／トロトロ石／黒曜石
B：利根川系緻密黒色安山岩／黒色頁岩／珪質頁岩／メノウ／トロトロ石／黒曜石
C：利根川系緻密黒色安山岩／黒色頁岩／硬質細粒凝灰岩／チャート／黒曜石
D：箱根系緻密黒色安山岩／硬質細粒凝灰岩／チャート／黒曜石
E：箱根系緻密黒色安山岩／硬質細粒凝灰岩／黒曜石

●—図8　関東地方における各種石材原産地と消費地への搬入経路

産地の搬入《はんにゅう》ルートを具体的に描いた(図8)。代表的な使用石材の石質の組合わせからみた地域区分と、代表的な石材の採集可能推定地を六地域に分けて分析している。A下総台地東部(利根川系緻密《ちみつ》黒色安山岩▲・硬質頁岩《けつがん》▲・珪質頁岩・メノウ▲・トロトロ石▲・黒曜石)、B下総台地西部(利根川系緻密黒色安山岩・黒色頁岩・珪質頁岩・メノウ・トロトロ石・黒曜石)、C武蔵野台地東部(チャート▲・利根川系緻密黒色安山岩・黒色頁岩・硬質細粒凝灰岩・黒曜石)、大宮台地(チャート・利根川系緻密黒色安山岩・黒色頁岩・黒曜石)、D武蔵野台地西部(チャート・箱根系緻密黒色安山岩・硬質細粒凝灰岩・黒曜石)、E相模野台地(箱根系緻密黒色安山岩・硬質細粒凝灰岩・黒曜石)、また遺跡出土のガラス質黒色安山岩をプレパラートにして蛍光X線分析を行ない、より精度の高い原産地を推定し、十数カ所の産地と照合している。

　石器のもつ機能や用途によって石材利用は異なる。狩猟具は刺突具《しとつぐ》に代表されるように、先端が先鋭であることが必要なので緻密な石材が選ばれる。例えば黒曜石、頁岩、チャート、凝灰岩、サヌカイト等が選択される。これらの石材は掻器《そうき》や削器《さっき》、彫器《ちょうき》、石錐《せきすい》等の加工具にも利用される。他方木の実などを磨

▼安山岩　非アルカリ岩質の火山岩で、斑状をなす。

▼頁岩　泥岩質で、堆積岩の一種。緻密であることから石器石材にはよく利用される。

▼メノウ　石英の微細結晶の集合体で玉随の一種、火山岩。乳白色に褐色、赤色、緑色等が混じる。

▼トロトロ石　風化が著しく、軟質で、輝石の斑晶を少し含む。茨城県北部の久慈川で採集できる。

▼チャート　珪質の堆積岩で珪岩ともよばれる硬質の石材。

りつぶす磨石《すりいし》と石皿《いしざら》、局部磨製石斧等を研磨する砥石《といし》は、砂岩などの軟質な石材が用いられる。また磨石やハンマーストーンは軟質と硬質の中間の石材、例えば輝緑《きりょく》岩▲、閃緑《せんりょく》岩▲、硬質砂岩、そして凝灰岩などを用いている。

どのような石材を用いれば効率的であるか、旧石器時代のひとびとは長い伝統の中でその知識を培《つちか》ってきた。しかし時には目的とする原石が得られず、劣悪な石材も利用しなければならない場合もあった。

例えば神奈川県箱根町畑宿《はたじゅく》の黒曜石は原石自体がこぶし大以下の転礫《てんれき》が多いことから、良好な縦長の剝片を得ることができず、加えて気泡のような球顆《きゅうか》を多量に含むために石器の材料に使うには適していない。それゆえ、寸づまりや横長の剝片を用いて石器が作られる。おそらく信州系の多くの黒曜石が入手できにくい状況、例えば手頃な黒曜石が採取できなくなったり、近くでの火山活動による影響等が予測され、それゆえ質のあまり良くない原石にまで眼を向けざるを得なかったのであろう。そのために大形の石器を作り出すのが難しくなり、小形の石器に技術改変することになったのであろう。

しかし例えば黒曜石原産地から離れた南関東地方▲では小形の石槍が黒曜石を

▼輝緑岩　細粒の緑色岩、火成岩の一種。

▼閃緑岩　粗粒の深成岩で、角閃石を含む。砂岩や砂粒が固まった堆積岩。

▼離島の黒曜石原産地　伊豆七島の神津島には比較的良質の黒曜石が包含されている。南関東地方の後期旧石器時代のひとびとは、一八〇キロメートル程離れた島からひんぱんに黒曜石を採取している。このことは航海技術が発達していたことを示している。

用いているのに対して、比較的原産地に近い場所から入手できるガラス質緻密黒色安山岩や凝灰岩またはチャートは中形ないし大形の石槍に用いている。

このことから遺跡の近在地から採取できる石材は、製作される石器が比較的大形であるのに対し、原産地から離れるにしたがってやや小形の石器が作られていることがわかる。それは手頃なこぶし大の原石を原産地から消費地に補給することは容易だが、原産地と消費地の距離が離れるほど、より大きな石材の運搬は大変な労力がかかるので、あらかじめ粗割りし、不必要な部分はカットしてスリム化を図っていた。

石器の製作技法と諸技術

石器の製作は、縦長剥片剥離《はくへんはくり》技術と横長剥片剥離技術に大きく区分される。縦長剥片剥離技術は連続的に定形的な縦長剥片を剥《は》ぐ技術である。打面が乱れると不定形な剥片になるので、細かい調整を繰り返したり、打面を移動させて新たに縦長剥片を生産することもある。一方鎌木義昌氏や松藤和人氏が指摘するように、横長剥片剥離技術は瀬戸内《せとうち》技法に代表され、円礫を分割してその分割した剥片を石核として翼状の横長剥片を作り出し、その一縁辺に刃潰《はつぶ》し加工を施して国府《こう》型ナイフ形石器を生産していた(図9)。

石器はかたちづくる外形よりなる。石槍は木の葉や柳の葉のような形、ナイフ形石器は三角形、柳葉形等、磨石は円形ないし楕円形といったように、石器の機能や用途に応じて形態が作り出されている。剥片石器の正面形態を例にとると、外形は剥離面の集合よりなる。つまりその稜線《りょうせん》を辿《たど》ると、一つ一つの剥離された面であることがわかる。それらの剥離面は原則として石器の縁辺部から加撃し、器面の調整が施されたもので、次々と剥離面をだぶらせながら剥離していく。そのため古い剥離面の上に次の新しい剥離面が一面ないし数面が重なるといったように、面と面が複雑に重なり合っている。それゆえ最初に形成された古い剥離面が原形をとどめた例は少ない。

それでは剥離面の新旧を判断する手がかりは何であろうか。剥離面をよく見るとリング(波紋)が一方から他方に弧状に施されている。それは例えば池に石を投げると、その衝撃で水面に波紋が広がるように、新しい剥離面によって古い剥離面が切られると、その波紋が途中でカットされていることがわかる(図

10)。このように連続する剝離面の新旧関係を調べていくと、どのようにして石器が作られていったのか、おおよその剝離技術の過程をとらえることができよう。

剝片や片面加工の主要剝離面(裏面)は剝がされた剝離面をそのまま利用することが多い。しかし正(表)面はこの素材が剝離される以前の調整による剝離面があり、素材が剝離された後に細部加工を施した剝離面と次元の異なる剝離面で形成されている。前者のみの場合は剝片、後者まで含んだ例は石器と認定されることになる。

石器の製作はある一定の秩序をもって作られている。石材が選択されると剝片素材とするのか、石核素材とするのか、要求する石器の形態によって左右される。例えばナイフ形石器を製作する場合、同形の縦長剝片を多量に作り出して素材とする。その素材獲得による石核は剝片剝離が進行していくと、打面が乱れてくるので細かい調整を何度も施したり、打面を直角または一八〇度に変えて新たに目的とする良好な剝片を得ようとするのである。このようにして得られた剝片は器種に応じて不必要な部分が折り取られ、おおかたの形状に仕上

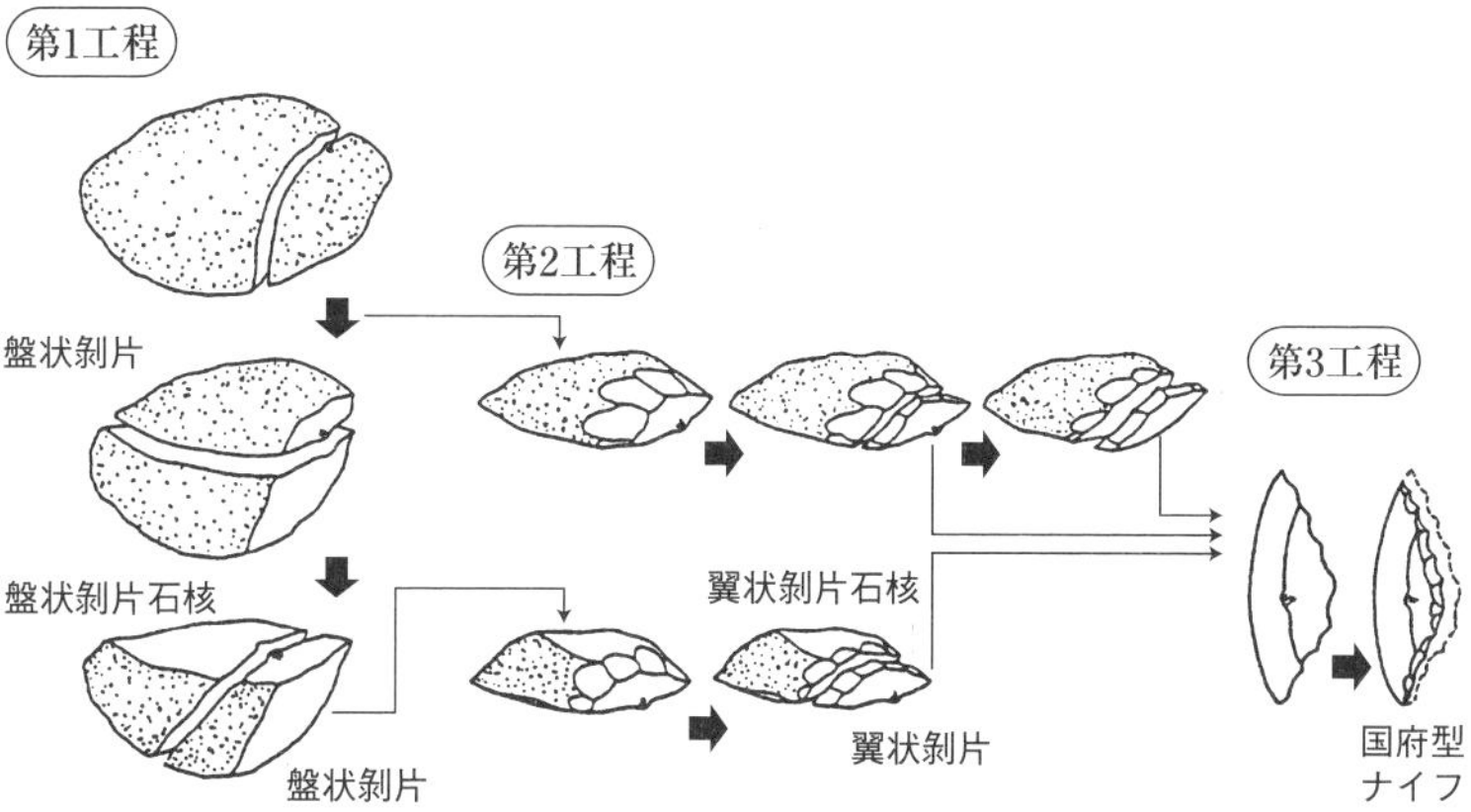

図9　瀬戸内技法の概念図

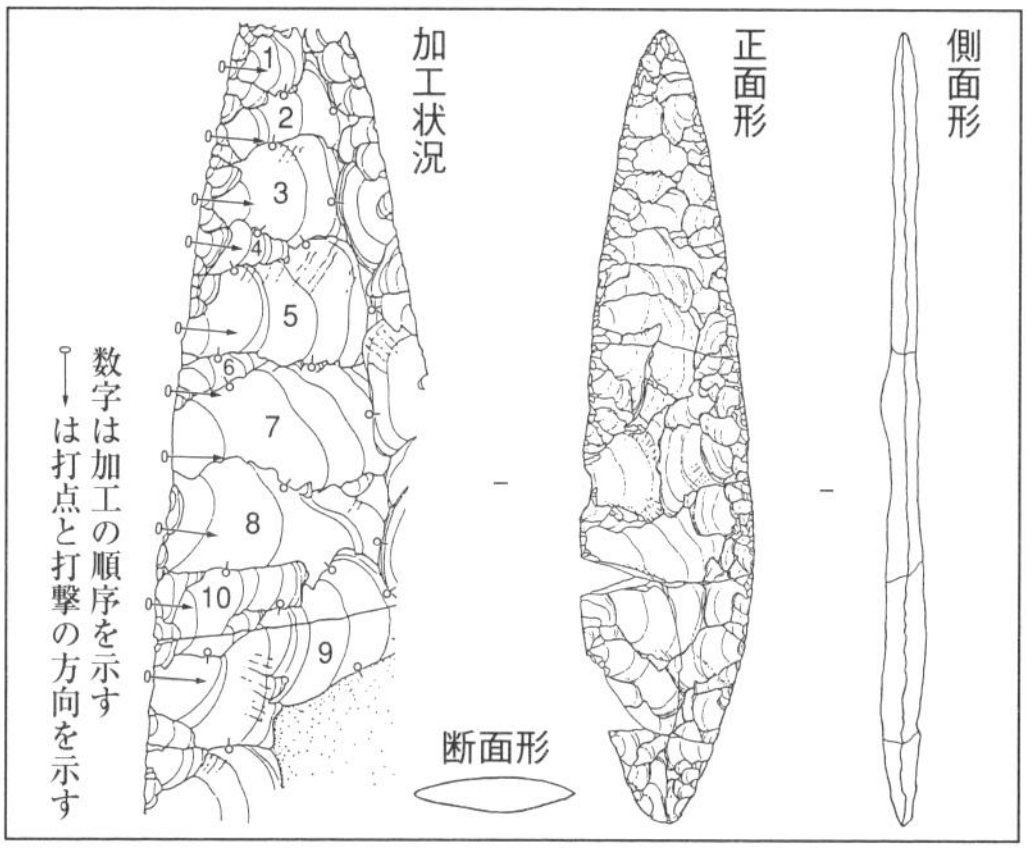

図10　石槍(木葉形尖頭器)の製作方法

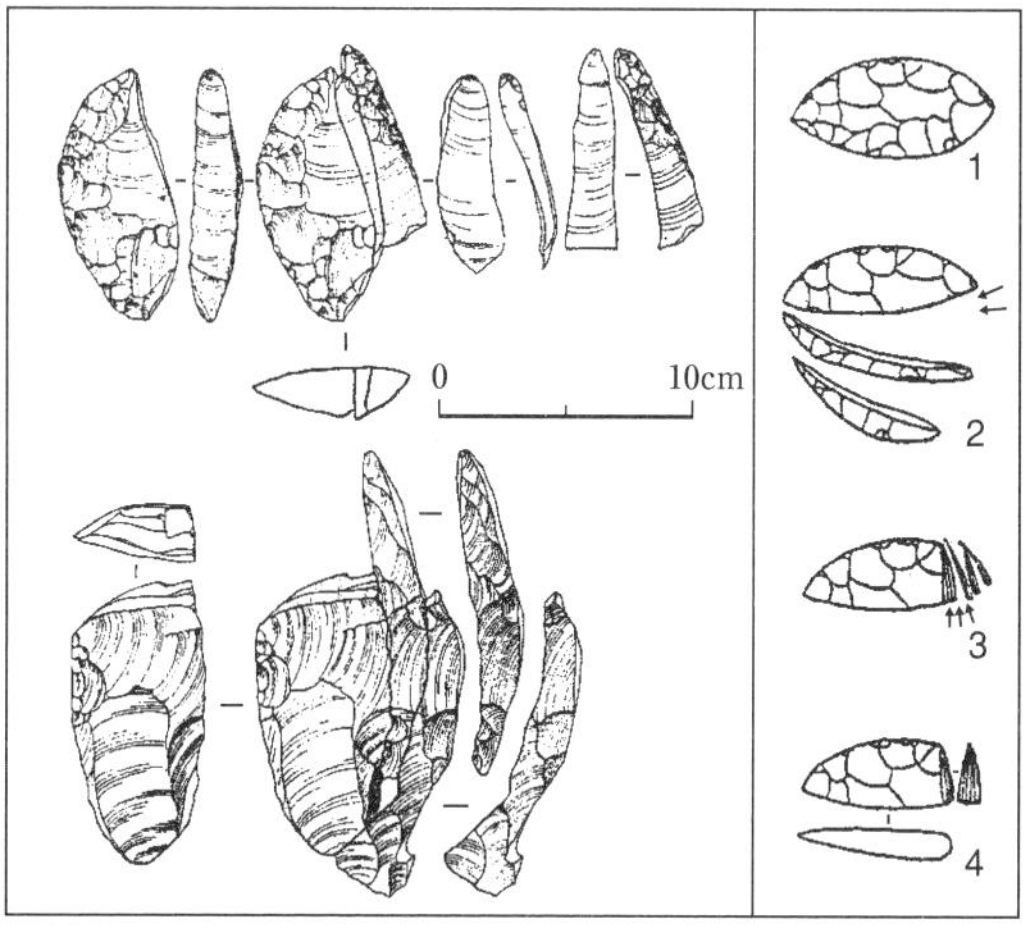

図11　湧別技法とその接合状況

げ、その後に細かい加工を加えて製品になる。

面的な加工は器体の全面ないし一部に平坦な剝離面を施している。それゆえ、元の素材の形を大きく変形するのである。両面加工や片面加工が該当しよう。また周辺加工は石器の縁辺の一部ないし全周に、石器の形状をあまり変えない目的で施される。例えばナイフ形石器の側縁加工、石槍の周辺加工等がある。削器《さっき》、先刃掻器《せんじんそうき》、彫器《ちょうき》等は、ナイフ形石器と共通の素材から石器を作り出している。これは素材の形状に大きく束縛された器種形態となっている。ところが細石器の段階になると、例えば荒屋型彫器のように、頁岩製の調整剝片を積極的に用いるようになる。つまり器種の形状に応じて石材を選択しているといえよう。

一方石核石器ないし礫素材は大形の両面加工の石槍や石斧、礫器、敲石《たたきいし》、磨石、石皿、台石などがある。礫素材で多くが作られるが、石槍、石斧、礫器は分割ないし粗割りされた厚手の剝片素材を利用した例もある。

石器の工程が最もよく理解できる例として、細石器の製作過程を具体的に示す湧別《ゆうべつ》技法を紹介する。北海道遠軽《えんがる》町の白滝遺跡で発見された細石核は、両面加工を施した大形の石槍を素材として、その末端から長軸に沿って竹を削ぐように剥がしていく。二番目に剥いだ削片はその形状がスキー板のような形状をしているところから、スキースポールとよばれている。そして剥ぎ残された石核面を打面として、上端から細石刃とよばれる細い剥片を規則的に多量に剥いでいくのである。最も注目される点は、石槍状に加工した細石核の原形をさらにスキースポールを剥がして変形させて、そこから打面を形成して細石刃を剥離していくのである。吉崎昌一氏は細石核とスキースポールの接合によって一貫した細石刃製作工程を解明し、湧別技法と呼称したのである(図11)。

石器の形態と型式

石器は機能と用途を反映して形態が作り出されている。ところが使用した状態、つまり木製柄を付けた状態や、機能する対象物と一緒に石器が出土するケースは極めて少なく、腐りにくい石器のみが遺物として発掘されることが多い。このように用具としての全体像を反映しているわけではないので、石器の機能や用途を確定することは難しいのである。しかし基本である石器の形態や形態下における型式を具体的に吟味することや、石器の出土状態の解釈によって、解明することができるであろう。その分類や出土状況を含めて、御堂島正氏による使用痕等（衝撃剥離《しょうげきはくり》▲）のミクロな観察と実験によって、狩猟具の欠損のあり方から刺突具として使用したことが具体的に理解されようとしている。

　ここで石器の形態や型式について紹介する。石器は刃部や尖頭部の機能を効果的に発揮できるように、握り部や柄部装着のための基部が作り出される。わかりやすい事例として、旧石器時代終末期に出現する有舌《ゆうぜつ》尖頭器は、主として先端の先鋭な刺突の機能と有茎《ゆうけい》や返し部の基部形態によって、特徴的なプロポーションを作り出している。ナイフ形石器は刺す道具（二側縁加工・一側縁加工・基部加工）、切る道具（部分加工）の各形態がある（図12）。同一の石核から剥離された定形剥片を素材としたもので、切断手法▲、側縁の細部加工、平坦剥離によって、要求する各形態に作り上げる。

　結果的には形態が異なる石器を製作しているが、同一素材を用い、共通の調整加工によって各形態を作り出していることから、広い意味でナイフ形石器とよばれている。

▼**衝撃剥離**　投げ槍や矢によって捕獲対象動物に命中すると、尖頭部を損傷する例が多い。また基部にまで欠損する場合がある。このことは実験データの痕跡から証明されている。

▼**切断手法**　石器の外形を確定するための素材を折り取る技術。斜位ないし横位の切断がある。本来的には折断手法とする方が良いが、学史的に切断の用語がいち早く使われた。

▼二側縁加工のナイフ形石器

切出形石器については、両側縁加工としていたが、形状と加工部位をもとに切出形二側縁加工、先端・基部が尖るように加工を施したものを柳葉形二側縁加工と呼称する。

二側縁加工のナイフ形石器▲は、細身の柳葉形二側縁加工と切出形の二側縁加工よりなる。前者例は縦長剥片を素材に用いている例が多い。後者は縦長剥片ないし横長剥片を素材としている。刃部に相当する鋭い縁辺を残して、二側縁にV字状の細部加工を急角度に施すのである。その場合、このナイフ形石器には裏面に基部加工を顕著に施す例が多く、①主要剥離面が未加工のもの、②主要剥離面の基部に平坦な加工を施したものよりなる。②は加工の形態がⓐ同一方向から樋状の平坦な並列剥離、ⓑ両方向から平坦な調整加工、ⓒ一方向から平坦な調整加工、また二側縁加工の一側縁を裏面から調整加工を施したものがあり、多様な調整が施され、型式として細分される。

基部加工のナイフ形石器は二形態に細分される。第一形態は先端が尖り、基部は尖基、平基、円基よりなる。全体として細身である。第一形態例は基部加工のみで、先端は①二次加工を施したもの、②二次加工を施さないものよりなる。典型例は杉久保《すぎくぼ》型ナイフ形石器である。第二形態は先端が基部と一八〇度異なる剥離面や剥片の端部利用により尖らず、平坦な幅広になっている。典型例は東山《ひがしやま》型ナイフ形石器である。両形態とも基部は両側または一側縁のみに二

図12　ナイフ形石器の各形態

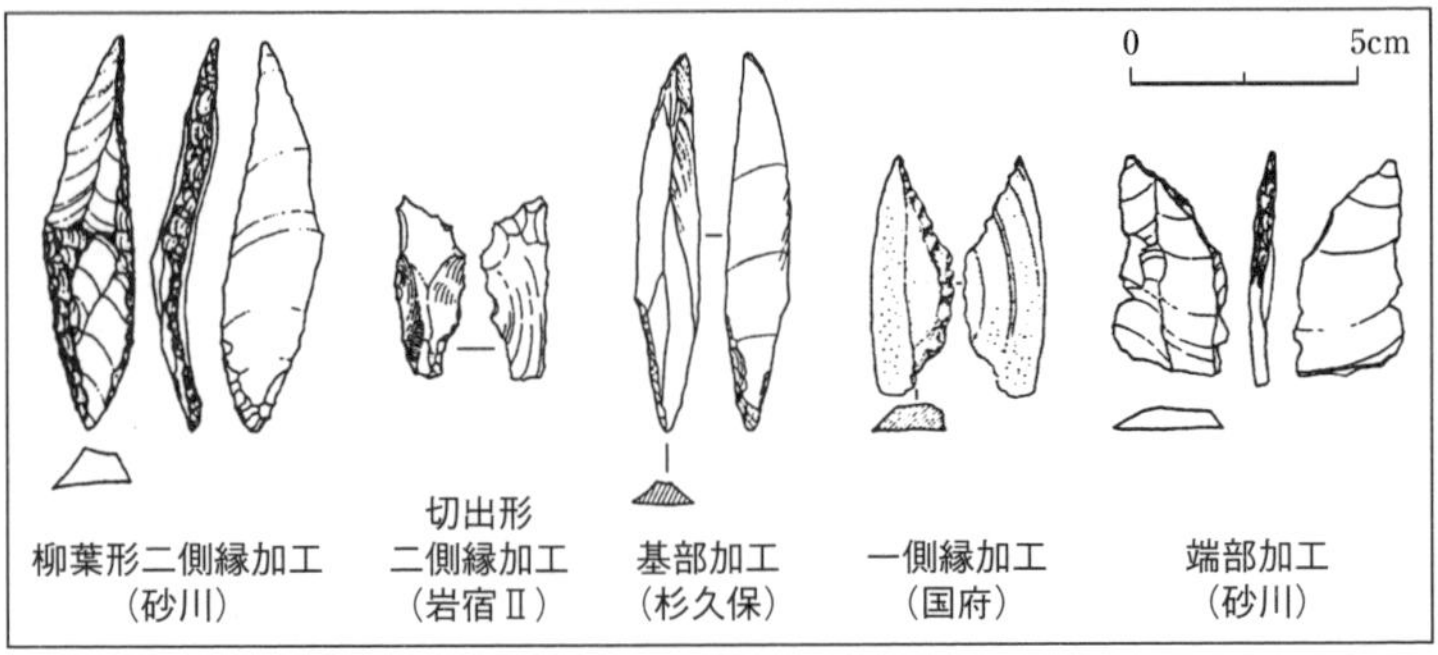

次加工が施されている。

端部加工は縦長剝片の打面部ないし端部を斜位ないし水平に切断し、その後に細部加工を施したものと細部加工が背部まで施された例がある。また主要剝離面は基本的には未加工が多いが、まれに二側縁加工の裏面基部に平坦な並行剝離を施した例がある。

一側縁加工は縦長剝片の背部または横長剝片の打面側に施したもので、後者は国府《こう》型ナイフ形石器が典型である。

このようにナイフ形石器は共通する調整加工をもつが、加工部位により異なる形状を作り出している。つまりナイフ形石器の製作が、構造的に共通性を持ちながら形態の異質性を有している点が特徴としてあげられる。機能や用途が異なるのであろう。そのため山中一郎氏はナイフ形石器と呼称せず、切りとり石器や背つき石器とよんでいる。

石槍の多くは刺突具で、片面加工と両面加工よりなる。片面加工は縦長剝片ないし横長剝片を用い、主要剝離面は素材面をそのまま用いる。断面は蒲鉾《かまぼこ》形、台形、三角形をなす。両面加工は断面凸レンズ形をなす。また素材が幅広か幅狭かによって、木葉形と柳葉形に大きく区分される。しかしこの形態も最大幅の位置によって形状が異なってくる。

次に主な加工具を見ることにしよう(図13)。

削器《さっき》は物を削る道具で、縦長剥片の一側縁ないしは両縁側に直線的な二次加工を施した例が多いが、中には抉り入り(ノッチ)としたものや尖頭状を呈した例もある。

掻器《そうき》は皮剝ぎないし皮なめしの道具で、縦長剥片の端部に加工が施された先刃形掻器、比較的肉厚な横長剥片の周囲を加工した円形掻器がある。素材はもちろんのこと、機能する部位の加工の範囲によって形状が異なってくる。

彫器《ちょうき》は木や骨角器の溝を彫る道具で、彫刀面の形成の仕方、角度、調整によって異なった形状をしている。とりわけ剥片の一端に直角の打撃を加えて形成された小坂《こさか》型彫器▲、剥片の端部に表裏から調整と彫刀面を施して、その上面観がZ字状になるように形成した神山《かみやま》型彫器▲、そして楔形《くさびがた》細石核の粗割段階で、側面調整剥片を利用し、剥片の周囲を二次調整し、その左肩に右上方から彫刀面を形成した荒屋《あらや》型彫器▲などがある。

▼**小坂型彫器**　長野県栄村の小坂遺跡から出土した彫器を標式としたもの。小坂遺跡からは、茂呂系のナイフ形石器、彫器、掻器等が出土している。

▼**神山型彫器**　新潟県津南町の神山遺跡から出土した彫器を標式としたもの。神山遺跡は一九六七年に発掘調査され、杉久保系ナイフ形石器、削器、彫器、磨石等の石器集中部が三カ所検出されている。

▼**荒屋型彫器**　新潟県長岡市の荒屋遺跡から出土した彫器を標式としたもの。荒屋遺跡は信濃川の低位の河岸段丘上に位置し、一九六七・八九年に発掘調査され、楔形の細石核、細石刃と多量の荒屋型彫器が出土した。住居状遺構や土坑、焼土が検出され、サケ・マス漁の可能性が指摘されている(九四ページ参照)。

図13 主な加工具の形態

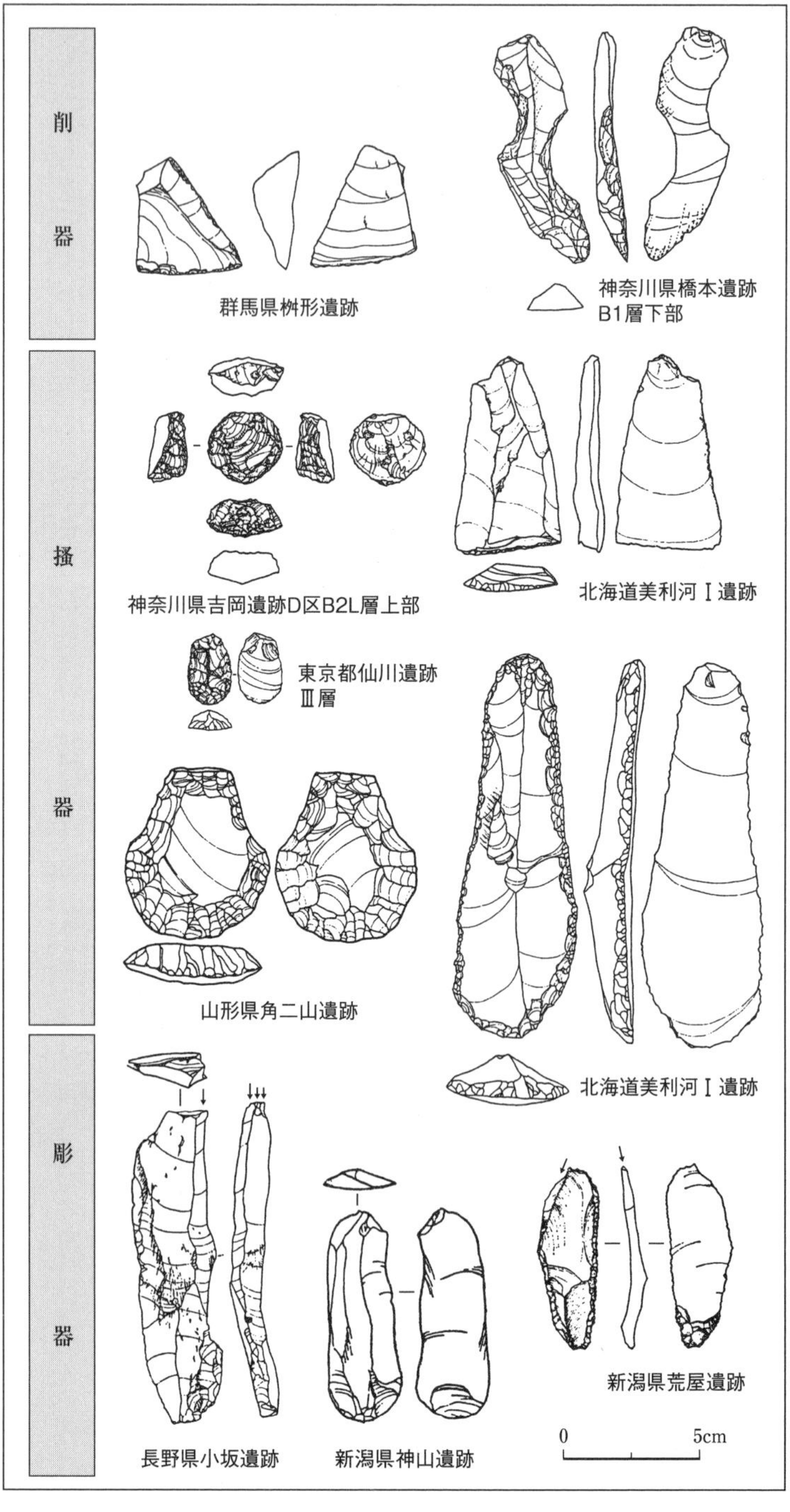
削器
群馬県桝形遺跡
神奈川県橋本遺跡
B1層下部
掻器
神奈川県吉岡遺跡D区B2L層上部
北海道美利河Ⅰ遺跡
東京都仙川遺跡
Ⅲ層
山形県角二山遺跡
北海道美利河Ⅰ遺跡
彫器
新潟県荒屋遺跡
0
5cm
長野県小坂遺跡
新潟県神山遺跡

▼**石器の再生**　リダクションともよばれる。製作途上で破損した石器や過度の使用により機能が低下した時、再度その石器または別の石器に作り変えること。

このように石器の形態は機能を表出しているが、そこには基本的な外形と機能に合った調整加工は変えないが、許容する範囲で多様な作りが認められる。また石器は使用した結果、破損することが多い。破損すれば捨てられる場合が多いが、中には破損状況によって再生したものもある。▲再生の場合、同じ器種に作り変えられる場合もあるが、中には別器種に作り変えたものもある。例えば砂川遺跡では、ナイフ形石器の製作途上で破損した基部片を利用して新たに彫器を作り出している。

石器群の組合わせとその分布

石器は単独ではなく、種々の石器が組合わされて石器群を構成している。後期旧石器時代の道具の組合わせを見てみよう。

約三万五〇〇〇年前ではナイフ状石器、台形様《だいけいよう》石器、掻器、削器《さっき》、彫器、礫《れっ》器《き》、磨石《すりいし》が共伴し、多くの石器が出揃う。そして約二万六〇〇〇年前では切出形石器、角錐状石器が加わる。約二万四〇〇〇年前になると石槍がナイフ形石器に加わって発達する。ナイフ形石器が消失し、それに変わって細石器が現われる。細石器は後葉で前代から引き続く石槍を伴う場合がある。

ここでナイフ形石器中葉の岩宿Ⅱ期に照準をあててみよう。

関東地方における岩宿Ⅱ期の石器群は、主として伊豆・箱根系の黒曜石や在地の安山岩、凝灰岩、チャートを用い、信州系の黒曜石は補助的に使用している。横長剝片を素材とし、その鋭い縁辺を刃部として斜位に配し、両側縁に細部加工を施した切出形石器、縦長剝片を素材とし、先端ないし基部に加工を施した基部加工のナイフ形石器、横長剝片を素材として先端を槍先状に尖らした角錐状石器、横長剝片を素材とし、打面を除いてほぼ全周に加工を施した円形掻器、縦長剝片ないし横長剝片を素材とし、その一端を細部加工した削器、他に河原石の一端を打ちかいた打割具《だかつぐ》の礫器や、河原石の円礫の湾曲した表面を用いた磨石等で構成される。

近畿・瀬戸内地方ではサヌカイト製の国府型ナイフ形石器が卓越する。▲岩宿Ⅱ期の前半には、近畿地方以西に卓越した国府型ナイフ形石器が、関東から東北地方にかけても断片的に分布する。しかし石材は本場のサヌカイトでなく、近在にある凝灰岩や黒色安山岩、珪質頁岩であったりする。ということになる

▼**近畿・瀬戸内地方の国府型ナイフ形石器**　兵庫県篠山市の板井寺ケ谷遺跡下層では、瀬戸内技法に類似する横剝ぎの石核が、AT降灰以前の層から出土している。AT降灰前から降灰後にかけて、瀬戸内技法による国府型ナイフが製作されていた可能性があろう。

と、製品が持ち込まれたのではなく、国府型ナイフ形石器の製作技術のみが移入され、在地の石材で作られたのであろう。▲その技術を携えた人々が入り込んできたのか、あるいは製作集団との接触によって製作技術のみを習得したものかもしれない。他には角錐状石器や削器を伴う場合がある。九州地方では国府型ナイフ形石器を伴う石器群は、横長剥片を素材とした二側縁加工のナイフ形石器、台形石器、角錐状石器、削器等がある。

東北地方に眼を転じてみると、山形県鶴岡市越中山《えっちゅうやま》遺跡K地点で国府型ナイフ形石器が出土しているが、頁岩の石材を用いている。このことにより、近畿・瀬戸内地方以西から波及した国府型ナイフ形石器は、北は東北地方まで広がっていることがわかる。サヌカイトの分布圏を離れるにしたがって、石材と技法を異にしつつ本場の国府型ナイフ形石器の形態を模倣しながら、独自に製作されたのであろう。▲

▼北関東地方の国府型ナイフ形石器と在地の石材　群馬県渋川市上白井西伊熊遺跡では、良好な接合資料により黒色安山岩の転礫を用いて瀬戸内技法による国府型ナイフ形石器が製作されていることが把握された。

▼関東地方の国府型ナイフ形石器　関東地方では織笠昭氏による殿山技法によって、国府型ナイフ形石器が製作されたものと捉えた。

▼香坂山遺跡　国武貞克氏によって二〇二〇・二一年に学術調査された。標高一三〇〇メートルの八風山の南側に位置している。発掘調査した結果、日本で最古級の石器群が出土した。

③―石器群の地域性とその編年

各地域の旧石器文化の様相

日本列島における後期旧石器時代の遺跡は九州から北海道地方まで分布し、およそ一万カ所以上の遺跡が知られている点は先に触れた。石器群の様相は、各地域で共通性のある石器群と、地域色の強い石器群よりなる。

ここでは日本の旧石器の指標となった群馬県みどり市岩宿遺跡の層位的出土例を再評価して、わかりやすく①岩宿Ⅰ石器文化以前、②岩宿Ⅰ石器文化併行、③岩宿Ⅰ石器文化以降を、基にして列島を俯瞰《ふかん》してみよう(図15)。

岩宿Ⅰ石器文化以前

岩宿Ⅰ石器文化より古い石器群は関東地方で認められている。神奈川県綾瀬市吉岡《よしおか》遺跡群ではB4層下部から岩宿Ⅰ石器文化相当の台形様石器と局部磨製石斧などの石器が出土し、間層をおいた下層のB5層から、チャート製を主体とした基部加工のナイフ状石器と祖形の台形様石器、鋸歯縁状の削器、彫器が出土した(図20参照)。その年代は約三万七〇〇〇年前に相当する。類例は神奈川県

●—図14　香坂山遺跡出土石器

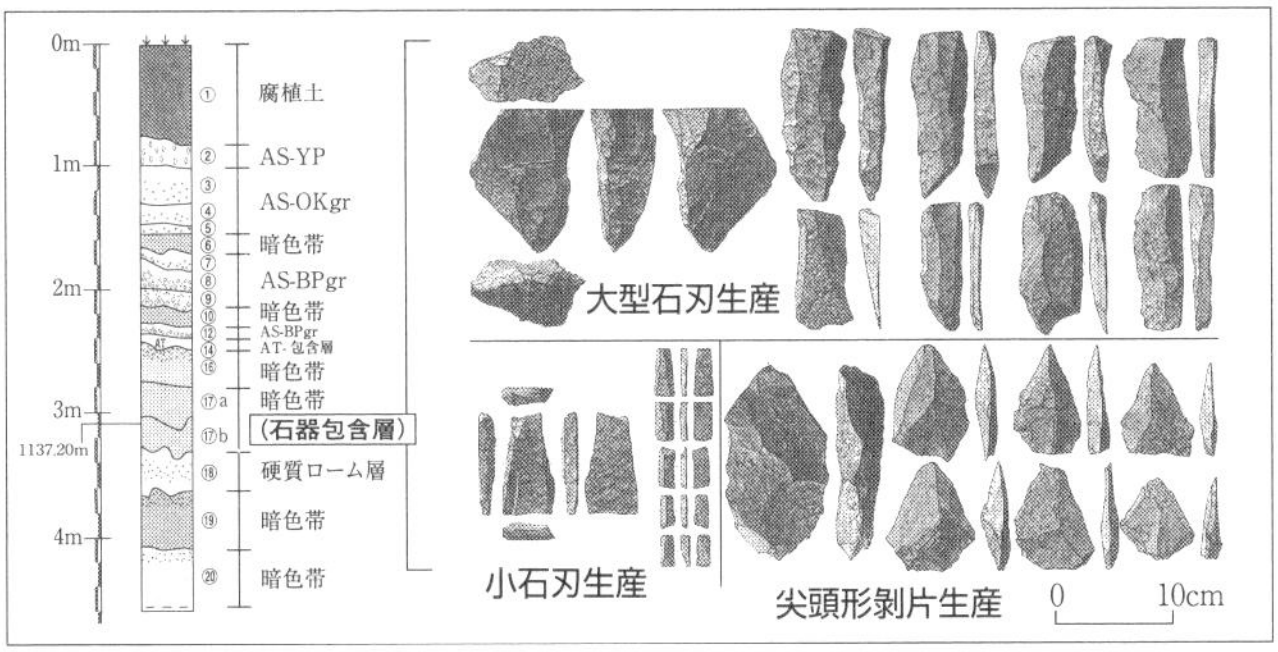

大和市大和配水池内遺跡L5層、武蔵野台地では東京都小金井市中山谷《なかざんや》遺跡X層、同市西之台《にしのだい》遺跡B地点X層、小平市鈴木御幸《みゆき》遺跡第1地点XI層、府中市武蔵台遺跡Xb層などにあり、また栃木県栃木市星野《ほしの》遺跡第4文化層、同市向山《むこうやま》遺跡、長野県飯田市石子原《いしこはら》遺跡、同市竹佐中原《たけさなかはら》遺跡、静岡県沼津市井出丸山《いでまるやま》遺跡第Ⅳスコリア等で認められる。

また九州地方では熊本市石《いし》の本《もと》遺跡や宮崎県川南町後牟田《うしろむた》遺跡との関連が注目され、広域に石器群が分布していた可能性があろう。

長野県佐久市香坂山《こうさかやま》遺跡▲では姶良《あいら》Tn火山灰より下層の暗色帯中から黒色ガラス質安山岩製の石刃(大形・中形・小形)を基調とした石刃石器群と幅広の尖頭形剝片を中心とした剝片石器群が出土した。その他搔器、削器、礫器、局部磨製石斧を共伴している。時期的には岩宿I期に近い所産であろう。

岩宿I石器文化併行

約三万六〇〇〇年前の岩宿I石器群は岩宿暗褐色粘土層(黒色帯)中から、局部磨製石斧と基部加工のナイフ状石器の組合わせをもって出土した。とりわけ岩宿I石器群の局部磨製石斧は楕円形をしている。この石斧の形態がおおむね古期の楕円形から新期の短冊形に変化するものと思われる。そうであるならば、岩宿Ⅰの局部磨製石斧は比較的古く位置づけることができよう。

岩宿Ⅰ石器群は台形様石器や基部調整尖頭石器(ペン先形ナイフ)が伴っていないので、基部加工のナイフ状石器の一群とは時期的な差異か考慮する必要があろう。というのは東京都杉並区高井戸東遺跡Ⅸ層下部では局部磨製石斧にまとまった数量の基部加工のナイフ状石器と少数の台形様石器が出土し、Ⅸ層中部では台形様石器と局部磨製石斧が組合わさって出土している。このことから、基部加工のナイフ状石器→台形様石器と捉えることも考えられるが、台形様石器は前代から出土している状況を考えると、地域性または季節性や対象動物によって主たる使用器種の取替えがあったものとも捉えることができよう。

該期の石器群は東北地方から九州地方まで広く分布している。とりわけ、関東地方、中部地方、瀬戸内地方に多く出土している。

岩宿Ⅰ石器文化以降

岩宿遺跡では岩宿Ⅰ石器群に引き続いて約二万六〇〇〇年前の切出形石器を特徴とした岩宿Ⅱ石器群、そしてその時期以降と推定された阿左見層▲黄褐色細

▼**阿左見層**　阿左見層は本来阿左見の地名から阿左美層とすべきだが、岩宿遺跡の報告書では阿左見と記述されており、初出の層位名を本文では用いている。

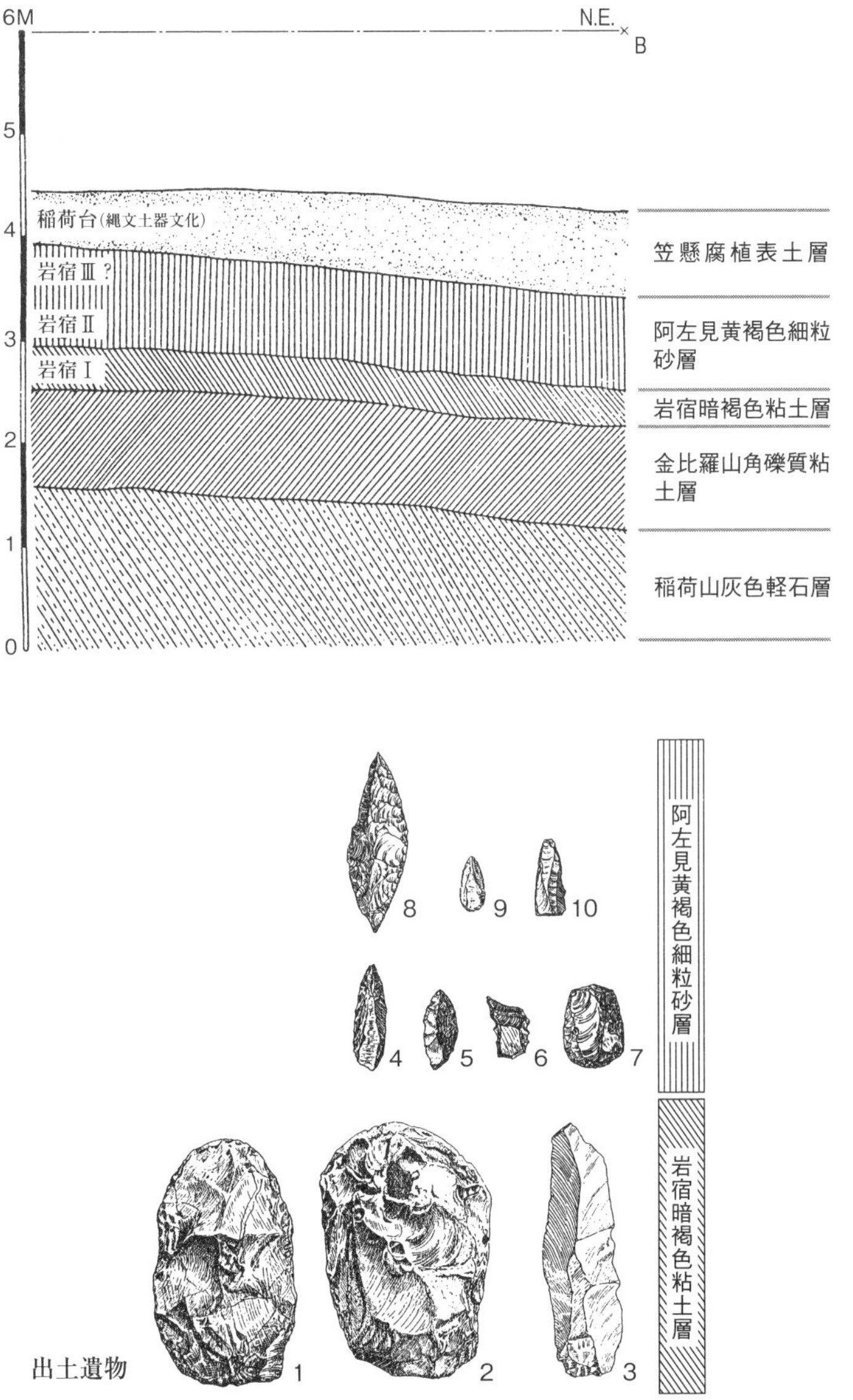

岩宿Ⅰ石器文化(1・2石斧, 3基部加工のナイフ状石器)
岩宿Ⅱ石器文化(4・5角錐状石器, 6切出形二側縁加工のナイフ形石器, 7掻器)
岩宿Ⅲ?石器文化(8樋状剥離尖頭器, 9・10加工痕のある剥片)

●—図15　岩宿遺跡の層位と出土遺物

粒砂層上部から出土した約二万二〇〇〇年前以降のエンドスクレイパーと岩宿遺跡発見の端緒になった樋状剥離尖頭器が岩宿Ⅲと想定された。

岩宿Ⅱ石器群を岩宿Ⅱ期と呼称するならば、この期には関東地方から中部地方、そして瀬戸内地方の宮田山《みやたやま》石器群、九州地方の熊本県山江村狸谷《たぬきだに》Ⅱ石器群の切り出し状ナイフの石器群が位置づけられよう。

近畿・瀬戸内地方で卓越した国府型ナイフ形石器が存在する。この地域ではサヌカイトを用材とするが、関東地方では硬質細粒凝灰岩や安山岩、東北地方の越中山K地点では頁岩、東九州地方では流紋岩を用材としている。これらの石器は瀬戸内《せとうち》技法によって同形の翼状剥片の素材を作り出し、背部ないし基部に位置する部位に刃潰し加工▲を施して国府型ナイフを製作している。

神奈川県大和市月見野《つきみの》遺跡群や東京都調布市野川《のがわ》遺跡の層位的出土例では、岩宿Ⅱ石器群に引き続いて岩宿Ⅲ？の砂川期、そして月見野期のナイフ形石器文化が後続する。これらの石器群は南関東地方を中心に西は箱根山麓、愛鷹《あしたか》山麓、そして東海地方、東は東北地方までその様相の一部を認めることができる。

近畿・瀬戸内地方では横長剥片を素材とした小形幾何学形のナイフ形石器が一

▼**刃潰し加工**　ブランティングともいう。ナイフ形石器の二側縁、一側縁、端部、基部に急斜な細部加工が施される。

部認められ、その関連が注目される。九州地方では砂川期に相当する時期が明らかではない。剥片尖頭器や台形石器、角錐状石器が共伴する時期の可能性がある。月見野期は台形石器や三角形の幾何学形ナイフ形石器が認められよう。

細石器群や石槍石器群については吉岡遺跡群や神奈川県大和市上草柳《かみそうやぎ》遺跡、同市下鶴間《しもつるま》長堀《ながほり》遺跡等でも層位的に確認され、比較的早い時期から両石器群が共存し、細石器群が石槍を搬入することによって、両石器群が編年的に共存していることが▲わかってきた。

台形様石器を主体とした石器群

関東地方の武蔵野台地や相模野台地において台形様石器が出土する層位は、ATより下位層で、武蔵野台地では武蔵野Xb~Ⅶ層、相模野台地では相模野B5~B3層にかけて出土している。▲その年代はおよそ三万七〇〇〇年から三万二〇〇〇年前に相当しよう。

台形様石器の型式は、横長剥片ないし縦長剥片を横位に用いて剥片の縁辺を平刃ないし緩やかな斜刃に施したもので、①両側縁は一側縁を打面部のまま、

▼**石槍と細石器**　石槍を主体とした石器群の中に少量の細石器を伴う場合とその逆の場合がある。その場合少量の石器は遺物分布にも反映され、単独出土ないし遺物集中地点の縁辺部で検出される場合が多い。

▼**台形様石器の出土**　Ⅹ~Ⅸ層の台形様石器は横長剥片ないし不定形な剥片を素材としたものだが、Ⅶ層になると、石刃を横位に切断して素材を作り、二次加工を施した例も見られるようになる。

▼ウワダイラ型　富山県南砺市上原ウワダイラ遺跡から出土した台形様石器を標式としたものである。

他側縁を急角度の調整加工を施したもの、②両側縁に急角度の加工を施したもの、③一側縁を裏面から正面に、他側縁を正面から裏面にインバース状の平坦な加工を施した例がある。

佐藤宏之氏は台形様石器を大きく三類に区分している(図16)。Ⅰa類は横長剝片を素材とし、打面ないし打面に対向する側縁に細部加工を施したものと、両側縁に平坦な加工を施したもの。Ⅰb類は両側縁を折断によって台形に整え、その後に細部加工したもの。Ⅱ類は素材を縦に用い、尖頭状端部の剝片を利用したものである。芹沢長介氏によりペン先形ナイフとよばれたものである。Ⅲ類は寸づまりの縦長剝片を素材としたもので、縦長剝片の端部に細部加工を施したもので、筆者がウワダイラ型▲と称したものである。

ただし佐藤氏が分類したⅡ類のペン先形ナイフの扱いは、台形様石器として型式分類できるか問題が残る。それは刃線が水平ないし緩やかな斜刃でなく、先端部が尖頭状となっているからである。これが第一点。第二点はⅠ類の台形様石器では横長剝片を素材としたものが目立つのに対して、この石器の素材は縦長剝片の基部を打面としている点である。第三点は打面部を中心に加工して

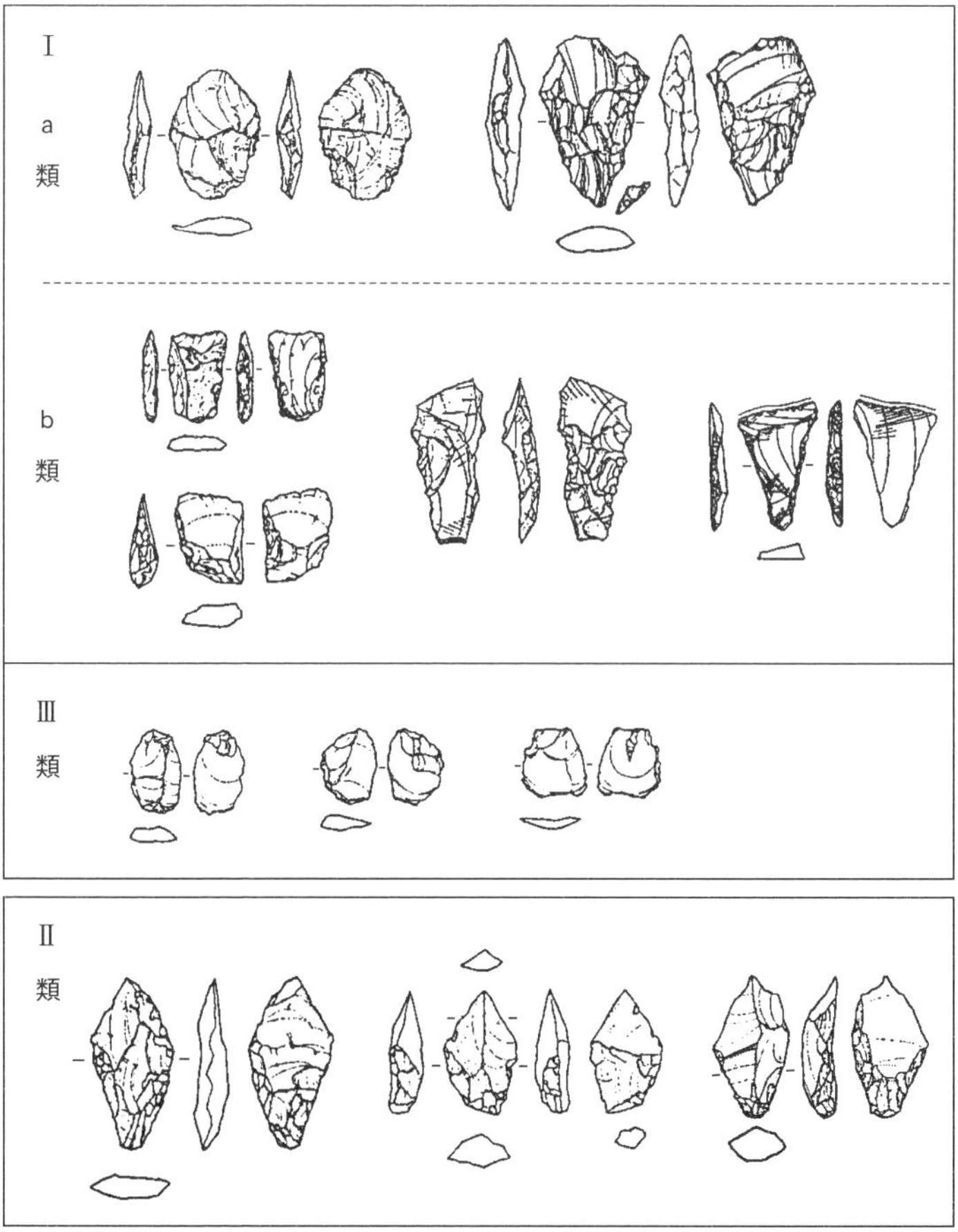

図16　台形様石器の分類

いる点から基部加工のナイフ状石器の加工法に類似していると言えよう。加えて基部加工のナイフ状石器が凌駕する時期でもある。つまり、このⅡ類は基部加工のナイフ状石器が台形様石器の影響を受けて小形化したものと思われる。したがって台形様石器はⅠ類とⅢ類を基本としたものであろう。

台形様石器は平刃と斜刃に大別される。平刃例は素材を切断したものと素材をそのまま利用したものよりなる。後者の例がウワダイラ型である。前者の例は剝片の一端ないし両端を切断し、その後に細部加工を施したものである。

台形様石器は東北地方から九州地方まで広く認められている。九州地方では熊本県宇城市曲野《まがの》遺跡でATより下層から台形様石器がまとまって出土したことによって注目されるようになった。関東地方では東京都小平市鈴木遺跡や杉並区高井戸東遺跡等の層位的出土例によって、台形様石器の位置づけが明瞭になった。そしてこれらの石器群には基部加工のナイフ状石器と局部磨製石斧が顕著に伴うことなどから、東北地方や瀬戸内地方での台形様石器の位置づけも対比が可能になったといえよう。

ナイフ形石器を主体とした石器群

ナイフ状石器は不定形な剥片ないし縦長剥片製の素材を用いているが、素材の外形を大きく変形することなく、二次加工も微細な縁辺加工が基部を中心に施される。しかしナイフ形石器▲は刃潰し加工のみならず、平坦剥離、切断手法によって多様な形状が計画的に作り出される。その一つとして二側縁加工のナイフ形石器の製作は重要である。というのは形状を整えるために切断によって柳葉形ないし菱形に整え、その後に二次加工を施すのである。時には内面まで及ぶ平坦な剥離が裏面基部に施される。このように規格的な石刃生産のみならず複数の調整技術が出そろった結果、ナイフ形石器としての意義を見いだすことができるのである。なお柳葉形二側縁加工や先端部を先鋭化した基部加工、切出形二側縁加工のナイフ形石器は単一ないし組合わせの狩猟具として、端部加工のナイフ形石器は加工具として利用されたらしい。

それではこれらのナイフ形石器の始まり▲はいつであろうか。武蔵野台地ではⅦ層、相模野台地ではB3層で、およそ三万二〇〇〇年前になろう。この時期は比較的大形の凝灰岩やガラス質黒色安山岩の縦長剥片を素材とした基部加工、

▼ナイフ形石器の名前の由来
ナイフ形石器は本来ナイフのようなかたちをしていることから呼称されたものである。ナイフの本来的な切る機能をもとにして命名されたものではない。

▼ナイフ形石器の始まり　ナイフ形石器の始まりを武蔵野台地のⅩ～Ⅸ層、相模野台地のB4層とする考えがあるが、ナイフ形石器文化の特徴とするには問題を残す。典型的なナイフ形石器の始まりは縦長剥片剥離技術によって、定形的な剥片の素材を生産し、その素材を切断方法によって変形し、ブランティングや平坦剥離によってナイフ形石器を作り出すという段階をもって規定すべきであり、それ以前の時期はナイフ状石器と理解した方が良いと考える。

二側縁加工のナイフ形石器が製作される。前代の横長剝片を素材とした台形様石器とともに石刃を素材としてそれを横位に方形に切断し、その部位に加工を施した台形石器が見られ、前代とは製作法が異なる例も新たに見受けられるようになる。このことは折(切)断手法が卓越したことを物語る。これらの石器は群馬県みなかみ町後田《うしろだ》遺跡の石器群を標式として後田期と呼称される。関東地方から東北地方にかけて主として分布する。

次の約三万一〇〇〇年前の武蔵野台地のⅥ層はちょうどATが降下する直前にあたる。石器は信州系の黒曜石を原材としているため、こぶし大以下になる。したがってナイフ形石器は小形が主体を占める。横長の台形様石器はこの時期になると顕著でなくなる。縦長剝片を連続的に多く作り出す石刃石核は打面調整を顕著に、しかも石核を効率的に利用するために頻繁な移動を繰り返して、良好な縦長剝片を生産していたのである。そのために同じような大きさの規格的な石器が量産されたのである。二側縁加工と端部加工を中心に、両側縁加工、一側縁加工、基部加工の多様なナイフ形石器が作り出された。また同じ石刃核から削器や掻器、彫器の素材も作り出され、効率的な石器製作を行なっていたことがわかる。この代表的な遺跡が神奈川県綾瀬市寺尾《てらお》遺跡Ⅵ層の石器群であり、寺尾期と呼称する。西九州から東北地方まで主として分布する。

ＡＴ降灰後の約二万六〇〇〇年前になると、黒曜石は信州系もあるが、その多くは伊豆・箱根系の比較的質の悪い原材を多く用いるようになる。横長剝片は切出形石器や一側縁加工、縦長剝片では基部加工のナイフ形石器を作り出している。またこの時期は断面三角形や台形の先端部を両側縁から加工した角錐状石器や、鼻の側面形のように刃部を甲高にした掻器が目立っている。そして後半の時期には左右非対称形の石槍を一ないし数点伴う遺跡がある。岩宿Ⅱ期の石器群は関東地方を中心として、九州から東北地方まで分布するが、国府型ナイフ形石器は未だ北海道地方までは広がっていない。

約二万二〇〇〇年前のナイフ形石器は、あたかもⅥ層のナイフ形石器が再来したかのようである。二側縁加工と端部加工のナイフ形石器が発達する。該期は埼玉県所沢市砂川遺跡の石器を標式として砂川期とよばれている。石材は黒曜石製もあるが、在地の凝灰岩やガラス質黒色安山岩、チャートが多く用いられる。この時期は石槍を伴い、在地で製作された木葉形尖頭器もあるが、広域に移動する樋状剥離《ひじょうはくり》を施した尖頭器《せんとうき》（有樋尖頭器）が出土する。また彫器は小坂型彫器や黄玉石製の上ケ屋型彫器が認められる。関東・中部地方から東海地方まで分布するものと思われる。

約二万一〇〇〇年前は砂川期のナイフ形石器が変化して、幾何学形のナイフ形石器、例えば菱形、台形、切出形の形状が目立つ。石材は黒曜石製が顕著になる。石槍はナイフ形石器とほぼ同数ないしその量が多くなる。文字通りナイフ形石器が衰退する時期でもある。神奈川県大和市月見野遺跡群から特徴的に出土していることから、この時期を月見野期と呼称しておく。関東地方を中心に分布する。

以上約三万二〇〇〇年〜二万一〇〇〇年前の約一万年間に、ナイフ形石器群は後田期→寺尾期→岩宿Ⅱ期→砂川期→月見野期の変化を辿る（図17）。

そしてこれらのナイフ形石器の系譜は、東北アジアではナイフ形石器が認められないので、東アジアないしは東南アジアからの影響の可能性が大きい。▲

▼**アジア諸地域との関連**　東アジアの中国山西省下川遺跡、東南アジアのインドネシア付近にあったスンダランドから南アジアのインドにかけて検出されている石器と関連するかもしれない。しかし近年北海道地方では、九州地方で主に分布する台形様石器や本州地方〜九州地方に分布するナイフ形石器が北海道長万部町オバルベツ2遺跡（裏表紙の写真参照）ほかで見られ、今後東北アジアまで広がる可能性もあろう。

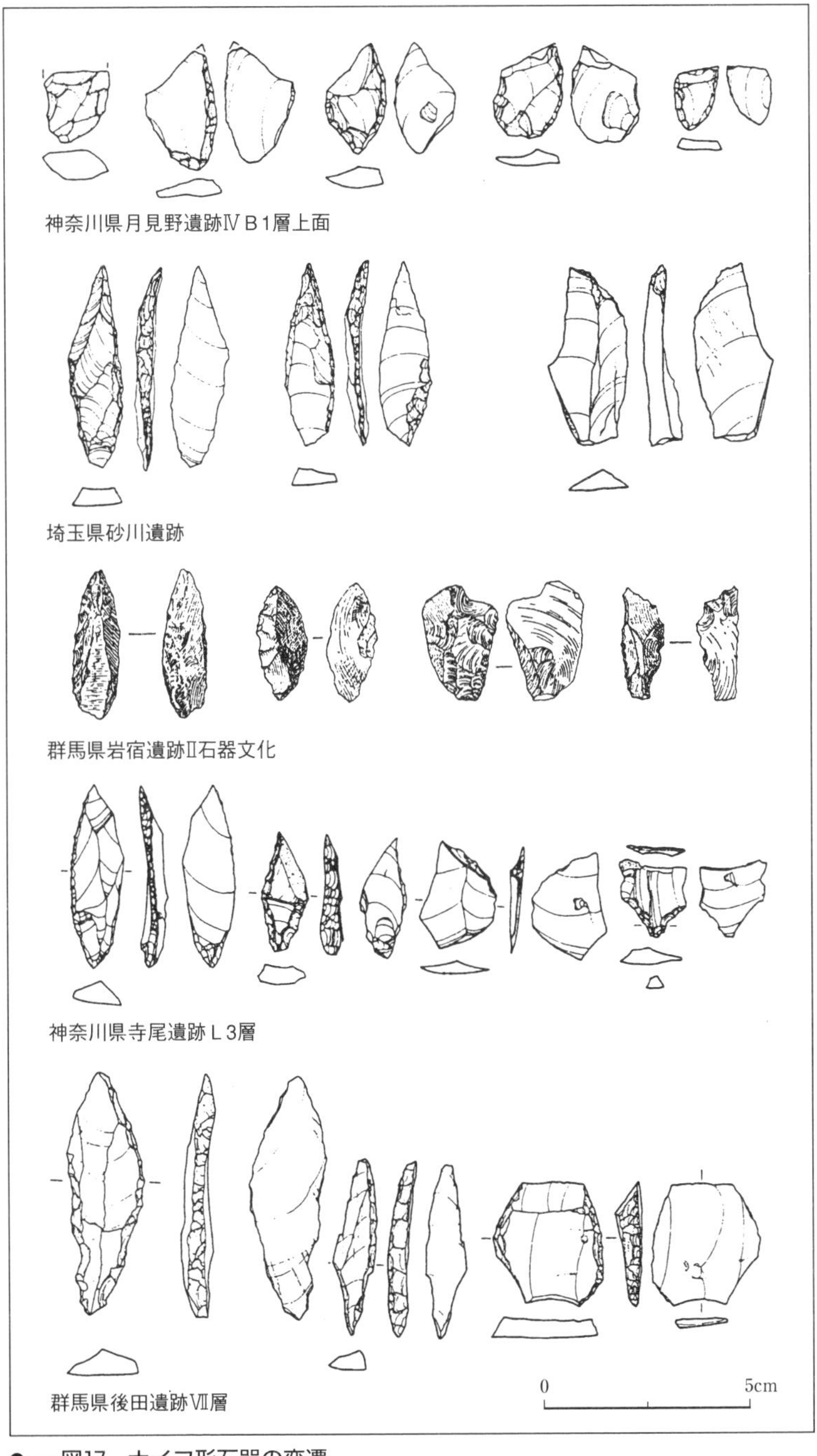

図17　ナイフ形石器の変遷

石槍を主体とした石器群

石槍《いしやり》は尖頭器《せんとうき》または槍先形尖頭器《やりさきがた》とも言われている。旧石器時代は尖頭器ないし槍先形尖頭器、縄文時代は石槍と区別する研究者もいるが、旧石器時代の尖頭器と縄文時代の石槍が文化的につながっている可能性がある。石槍が機能を直接さすような名称であることから、刺突具《しとつぐ》のみならず、削器《さっき》、あるいは完成された石器形態ではなく、ブランク(未製品)が含まれていることをもって、石槍とせずに尖頭器と呼称した方が良いとする見方もある。しかし石槍に区分したものは刺突用と推定される形状が多いことから、石槍の用語がその形態を代表していると見てよい。

石槍はAT降灰後に登場する(図18)。約二万四〇〇〇年前のことである。岩宿Ⅱ期の後半に片面ないし半両面で左右非対称形の石槍を、一点ないし数点を伴うことがわかってきた。この時期は角錐状《かくすいじょう》石器が衰退しているが、いまだ消滅せず、石槍と角錐状石器が両立している時期でもある。▲九州地方の大分県豊後大野《ぶんごおおの》市百枝《ももえだ》遺跡や同市岩戸《いわと》遺跡で、角錐状石器に伴って周辺加工による石槍が認められている。

▼石槍と角錐状石器の共存　左右非対称形の石槍と角錐状石器の共存は、角錐状石器から石槍への変化を否定することになりえない。角錐状石器が衰退していることから、その諸特徴を石槍に引き継いだとする見方もできよう。

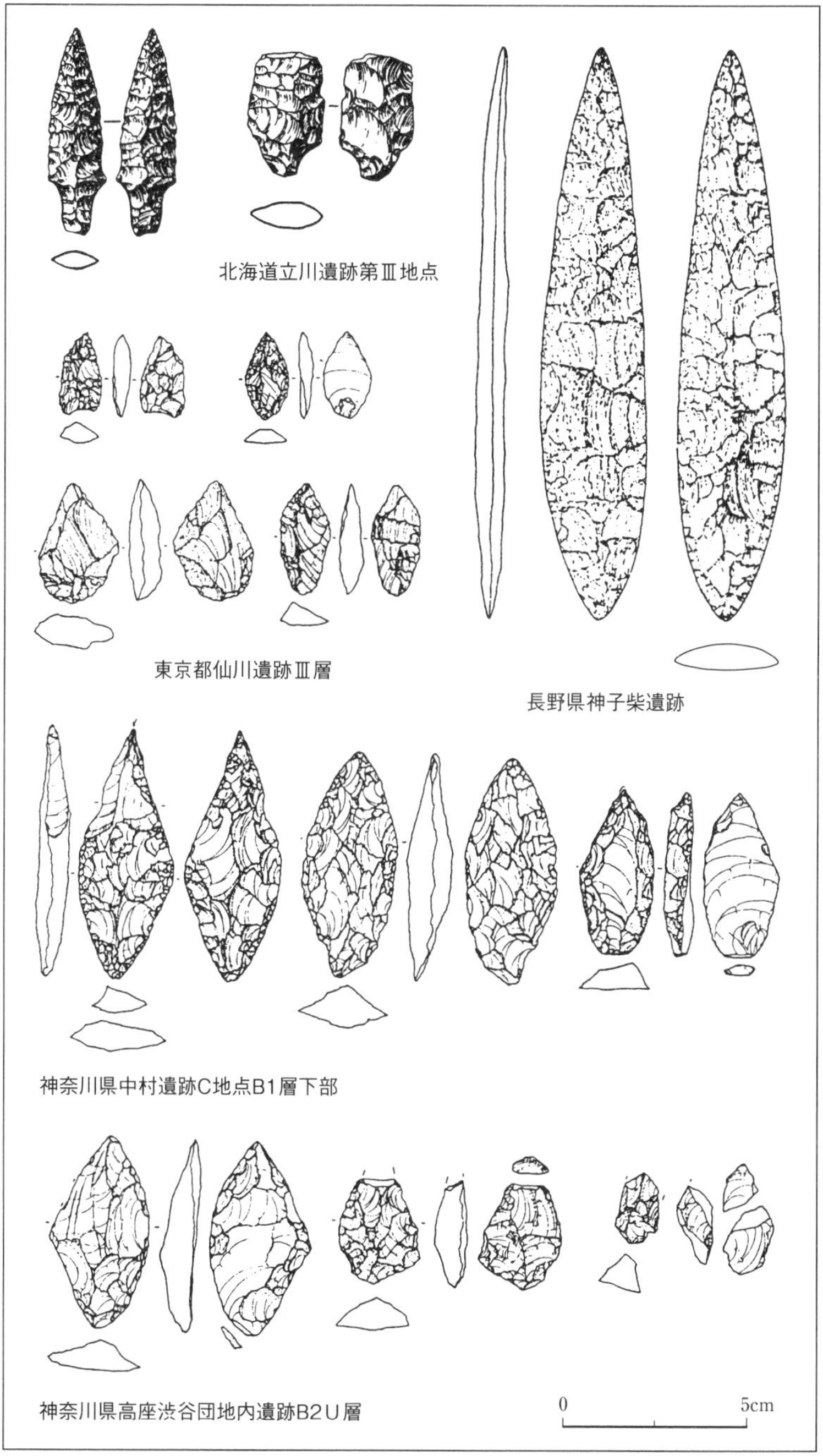
北海道立川遺跡第Ⅲ地点
東京都仙川遺跡Ⅲ層
長野県神子柴遺跡
神奈川県中村遺跡C地点B1層下部
神奈川県高座渋谷団地内遺跡B2U層
0
5cm

図18　石槍の変遷

▼**神子柴型尖頭器**　長野県伊那市の神子柴遺跡から出土した石槍を標式としたもの。左右対称形で最大幅が器体の中位ないしやや下位にある大形の石槍。

▼**横倉型尖頭器**　長野県栄村の横倉遺跡から出土した石槍を標式としたもので、最大幅が基部に位置する石槍。

▼**萩平型尖頭器**　愛知県新城市

約二万二〇〇〇年前の関東地方の砂川期には石槍の製作に二様相がある。一つは先に見た樋状剝離尖頭器である。この石槍は主として信州系の黒曜石《こくようせき》を用いて製作されている。それに対して、もう一つは二側縁加工や端部加工のナイフ形石器等と同じ在地の母岩《ぼがん》で、木葉形尖頭器が製作される。つまりナイフ形石器と木葉形尖頭器が主に消費地の近在地の石材を用いて製作されるのに対して、樋状剝離尖頭器の石材は、良質の黒曜石がはるか信州から搬入された例が多い。したがってこれらの樋状剝離尖頭器とナイフ形石器は、同一の母岩を用いて石器を製作することが少ない。また下総台地では、樋状剝離尖頭器の一形態である左右非対称形の小形の石槍が分布している。砂川期に対置したものか、あるいは砂川期に後続する月見野期並行の所産か今後の課題である。

約二万一〇〇〇年前の月見野期はこぶし大以下の転礫《てんれき》の黒曜石を用いるため、素材が小さくなり、ナイフ形石器が小形化し、幾何形化していく。また石槍もナイフ形石器と同一の母岩、素材を用い、外形が類似した例が目立っている。月見野期の分布は、関東地方や愛鷹山麓を中心に、東北地方まで認められる。山形県小国町平林《ひらばやし》遺跡では、頁岩製の石槍とナイフ形石器の共存が好例として認められる。

月見野期に続く時期になるとナイフ形石器は衰退し、一転して石槍の大きさに適合する石材を選択して大形、中形、小形の石槍が作られる。約一万六〇〇〇年前には神子柴《みこしば》型尖頭器▲とよばれる最大幅が器体の中央部に位置する左右対称形の均整のとれた石槍である。最も長い例では長さ二五・二センチの大形石槍が作られる。この石槍は極めて大きな下呂石の原材が利用された。その後、最大幅が器体の基部近くに位置する幅広寸胴の横倉《よこくら》型尖頭器▲が目立ってくる。そして約一万六〇〇〇年前の縄文時代の初頭期には、有舌尖頭器の初源的な中林型が木葉形尖頭器とともに出現する。おそらくこの段階には土器が製作されていたのであろう。そして一万五〇〇〇年前の隆線文土器段階になると、木葉形尖頭器とは別に、本州地方では萩平《はぎひら》型▲、小瀬《こせ》が沢《さわ》型▲、柳又《やなぎまた》型▲、花《はな》見《み》山《やま》型▲の有舌(茎)尖頭器が地域と時期を違えて分布し、卓越するのである。

およそ一万六〇〇〇〜一万五〇〇〇年前の神子柴・長者《ちょうじゃ》久《く》保《ぼ》系石器群から有舌尖頭器石器群の時期は北東アジアとの関連が深く、ロシアのアムール河中流域のオシポフカ遺跡群▲、ガーシャ遺跡、ウスチ・ウリマー遺跡、アンガラ河流

萩平遺跡の有舌尖頭器を標式としたもので、舌部は緩やかな返しによって逆三角形を呈する。

▼**小瀬が沢型尖頭器**　新潟県阿《あ》賀《が》町小瀬が沢洞穴の有舌尖頭器を標式としたもので、細長い先端をもち、最大幅を基部にもつ。返しが鋭角に身をえぐり込むように顕著に施されたもの。

▼**柳又型尖頭器**　長野県木曽町の柳又遺跡の有舌尖頭器で、基部の返しは鈍角で微尖基をなす。側縁は外湾しながら尖頭部を作り出している。

▼**花見山型尖頭器**　神奈川県横浜市花見山遺跡の有舌尖頭器を標式としたもので、小形で基部の抉り込みが顕著。

▼**オシポフカ遺跡群**　ロシア・アムール川右岸のハバロフスクにある。木葉形の石槍、削器等が出土し、その特徴からオシポフカ石器文化とよばれている(図31)。

域のウスチノフカ遺跡、レナ河流域のジュクタイ洞穴などで石槍と楔形細石核が共伴している。またサハリンのイムチン遺跡などで有舌尖頭器が出土している。土器出現期でもある木葉形尖頭器や有舌尖頭器そして細石器が、東北アジアという広大な地域からの系譜を無視することはできないであろう。

細石器を主体とした石器群

細石器《さいせっき》は、旧石器時代終末から縄文時代草創期初頭にかけて製作された、船底形や角柱形の小さい石核から剥離された縦長の細石刃を、尖らせた骨や木の側縁に複数はめ込んで組合わせ、道具として利用した狩猟具である。細石核は時期によりその形が異なっている（図19）。相模野台地の層位的出土例によると、最も古い時期に相当するＬ１Ｈ層上部（約一万八〇〇〇年前）出土の細石核は代官山型▲（船底形）、上層のB0層下部ないし中位（約一万七〇〇〇年前）では野岳型▲（角柱形・半円錐形）の細石核が卓越し、船底形の細石核が量的に少なくなる。さらにB0層も上部になると今度は船野型（船底形）が卓越するのである。

そしてＬ１Ｓ層（約一万六〇〇〇年前）になると両面加工の石槍を原形として楔

▼**代官山型細石核**　神奈川県藤沢市代官山遺跡のＬ１Ｈ層上部から出土した細石核をもとに命名された。

▼**野岳型細石核**　長崎県大村市野岳遺跡から出土した細石核をもとに命名された。

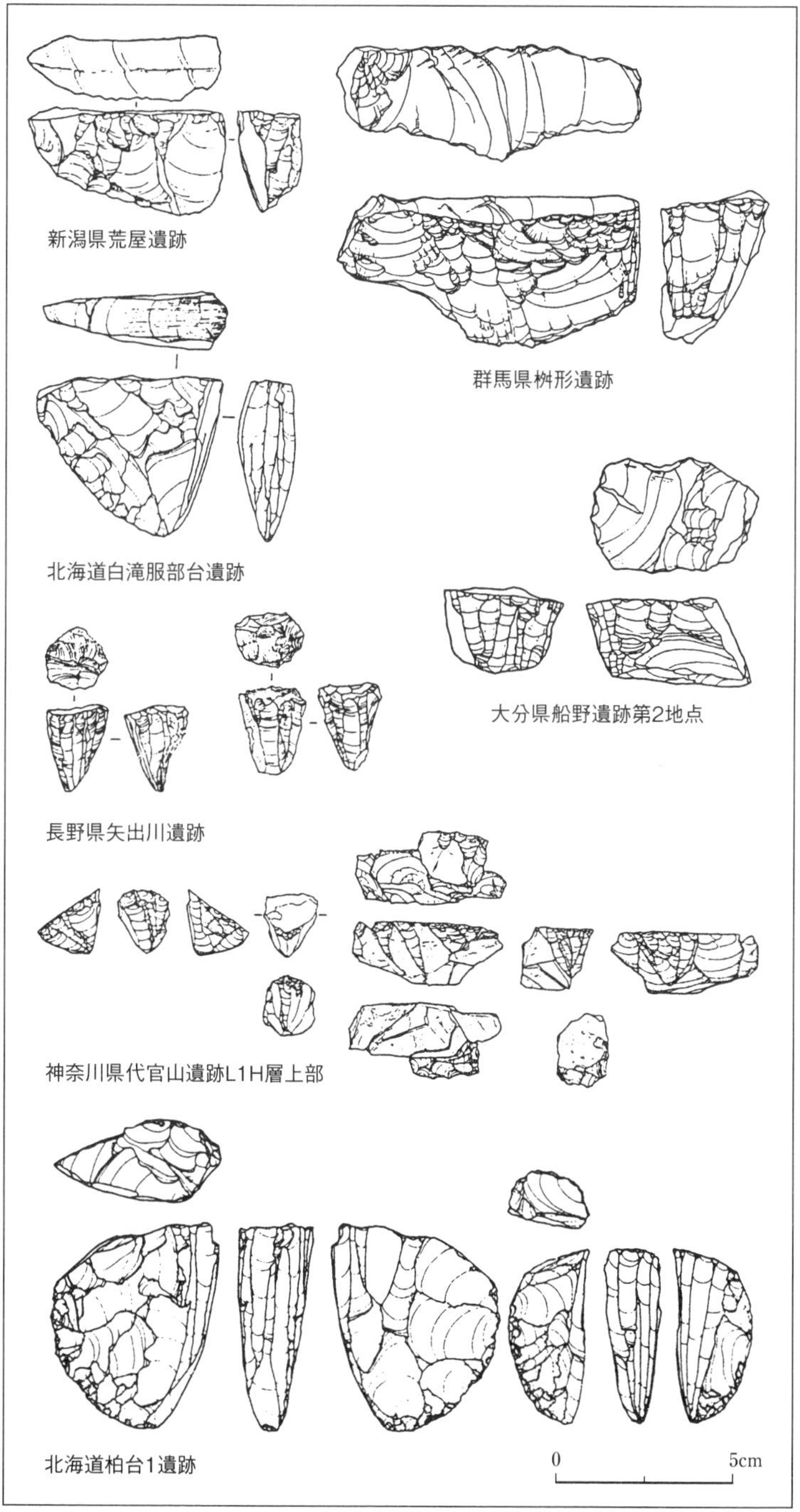
新潟県荒屋遺跡
群馬県桝形遺跡
北海道白滝服部台遺跡
大分県船野遺跡第2地点
長野県矢出川遺跡
神奈川県代官山遺跡L1H層上部
北海道柏台1遺跡
0
5cm

図19 細石核の変遷

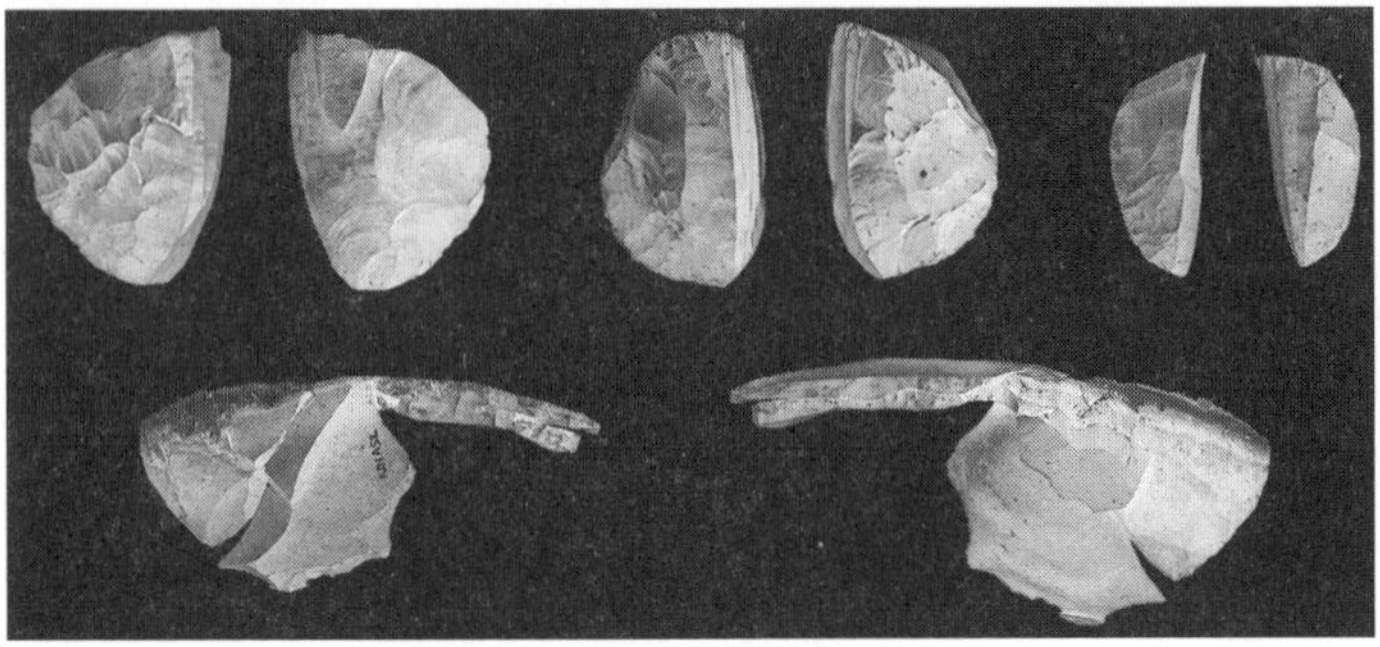
●―柏台Ⅰ遺跡出土の細石核・スキースポールの接合資料

形石核の名にふさわしい湧別技法による船底形石核が作られる。この細石器は打面調整を施さない札滑《さっこつ》遺跡や打面を磨いた白滝遺跡の出土例▲から、それぞれ札滑型細石核や白滝型細石核ともよばれている。その分布は主として北海道地方から東北地方、そして新潟県や中部地方や中国地方まで及んでいる。さらには北東アジアの地域にも広く分布する。例えばロシアのアムール川上流域のウスチ・キャフタ遺跡やウスチ・カーレンガ遺跡などがあげられる。したがってこれらの特徴的な細石器は北方からの系統と考えられている。そしてこれらの細石核は剝片の周囲を調整し、右から左下に彫刀面を形成した頁岩製の荒屋型彫器を伴っている。

角柱状の細石核は長崎県大村市野岳遺跡の野岳型細石核や静岡県沼津市休場《やすみば》遺跡の西南日本を中心とした出土例から野岳・休場型細石核、また長野県南牧村矢出川《やでがわ》遺跡の出土例をもとに矢出川型細石核というようにまちまちだが、野岳・休場型の名称を用い説明する。この細石核は黒曜石製ないしチャート製が目立つ。九州地方から関東地方にかけて主に分布している。相模野台地の層位的出土例によれば、野岳・休場型が古く、先の湧別技法による船底形細石核のほうが新しい。二つの細石器とは別に、日本列島の全域に分布するホロカ技法による船底形細石核があげられる。この細石核は打面部のある甲板面から体部整形して船底形に仕上げている。在地の石材を用いることが多く、各地域で多様な石材を利用している。共伴する石器として細身の両面調整の石槍やポインテッドツールのような尖頭状削器が特徴的である。

先にもふれたように、北海道千歳市柏台《かしわだい》一遺跡では恵庭a軽石層の降下した火山灰の下層から、蘭越《らんこし》型の細石核を主とした石器群▲が出土した。このことから北海道の細石器の出現は、二万年以上前にさかのぼることになる。しかし本州地方ではいまだこのような古さをもつ細石器は出土していない。

旧石器時代終末から縄文時代草創期への転換

旧石器時代終末は、長大な石槍と局部磨製石斧、そして削器、掻器、彫器を伴う神子柴・長者久保系石器群▲が発達する。長野県伊那市神子柴遺跡は石槍、局部磨製石斧、掻器、削器、石核で構成される。それに対し、青森県東北町長者久保遺跡は石槍、局部磨製石斧、彫器、掻器、彫・掻器、削器、石錐などよ

▼**打面を磨いた連続的剥離**　押圧する工具が滑らないようにするための一種の事前の調整加工と推定されている。

▼**蘭越型の細石核を主とした石器群**　北海道蘭越町立川遺跡出土の細石核をもとに命名されたもので、尖頭状に両面加工を施した長軸の一端から細石刃を剝離したもので、湧別技法のようなスキースポールを作らない。

なお二万六〇〇〇年前の関東地方では岩宿Ⅱ期に相当する。細石器は共存していない。岩宿Ⅱ期に相当する東京都三鷹市Ⅰ・C・U-Loc15遺跡では、一見蘭越タイプを彷彿させる石刃製の石核が出土している。地域によって石器群の様相が大きく異なっていた可能性があるかもしれない。

りなる。

これらの石器群に細石器と土器が加わり、複雑な様相を呈す。茨城県ひたちなか市後野《うしろの》遺跡では、頁岩製による湧別《ゆうべつ》技法の札滑型細石核、荒屋型彫器を特徴とした石器群と石槍、片刃石斧、土器をもつ神子柴・長者久保系石器群が近距離で分布を異にして出土した。調査者は細石器石器群→神子柴・長者久保系石器群の編年を推定した。土器の有無、細石器を古期とする視点から見ると調査者の考えは妥当性があるが、両石器群が同時期という視点から見よう。

両石器群は共に独自性が強く、積極的に一緒に交わることをしない。しかるに新潟県村上市樽口遺跡や長野県木曽町柳又《やなぎまた》遺跡A地点では土器を伴っていないが、細石器と石槍の一部の個体は共通性があるものと推定されることから、後野遺跡における両石器群は同時期の可能性があるかもしれない。他方埼玉県深谷市白草《しらくさ》遺跡や千葉県佐倉市木戸場《きどば》遺跡A地点では札滑型細石核と荒屋型彫器の石器群に石槍、片刃石斧、土器は伴っていない。このことから両石器群は対峙しながらも、ある時期には融合したケースがあるとみなされる。

南関東地方とりわけ相模野台地では荒屋型彫器をもつ細石器群は認められず、

▼神子柴・長者久保系石器群

山内清男氏と佐藤達夫氏は長者久保→神子柴の変遷を推定し、シベリアの無土器新石器文化の石器に対比した。

なお、神奈川県座間市栗原中丸遺跡の石槍の層位的出土例から、編年的には長者久保→神子柴と捉えられる。

湧別技法による楔形細石器と石槍、片刃石斧、土器を伴って出土している。その場合の細石核の用材は在地ないし近在の石材を用いている点で、頁岩製による荒屋型彫器と楔形細石核をもつ一群とは明らかに出自を異にしている。在地の石材を用いる点から見る限り、前代のホロカ技法による細石器石器群を土台として、湧別技法の技術を取り入れて形成されたものと思われる。

石槍は胴部中位に最大幅をもつ左右対称形の神子柴型尖頭器から最大幅を基部にもつ横倉型尖頭器が目立つようになる。そして基部を意識して逆三角形とした本ノ木型の木葉形尖頭器が製作され、ついには中林型の有舌尖頭器へと発展していったものと推定される。

後期旧石器時代の再検討

後期旧石器時代は地質学的な検討と相まって、立川ローム層の最下底が形成された年代を当初約三万三〇〇〇年前とした。しかるにこの立川ローム層の最下底は、武蔵野Ⅺ層ないしⅫ層、相模野B5層ないしL6層をもって立川ローム層と武蔵野ローム層の境と推定されている。したがって最も下層から出土した武蔵野Ⅹb層ないしⅪ層、相模野B5層から出土した石器は、後期旧石器時代の初頭期の所産とする考えが多い。しかしこの点については石器の技術学的な検討をもとにした論議ではない。地層が武蔵野から立川に変容することと、石器が中期から後期に替わることは決して一様でなくても良いはずである。それゆえ石器の諸特徴を検討して、中期旧石器時代の最終末期や後期旧石器時代初頭期の石器群がどのような石器群で構成されているのか、積極的に論議する必要性があろう▲。

武蔵野台地や相模野台地で最も古い確実な石器群はナイフ形石器を主体とした石器群ではなく、ナイフ状石器や台形様石器を主体とした石器群である点に留意しなければならない。この石器の位置づけは型式学的にも編年学的にも不明な点が多かったが、神奈川県綾瀬市吉岡《よしおか》遺跡群▲の層位的出土例によって明らかになってきた(図20)。

それは群馬県岩宿遺跡の第Ⅰ文化層や、東京都杉並区高井戸東遺跡▲Ⅹ～Ⅸ層に通有な局部磨製石斧や台形様石器をもつ石器群より下層から出土した。そして後期旧石器時代のナイフ形石器群にはあまり見られない、多方向の剝片剝離

▼後期旧石器時代の見直し　後期旧石器時代と考えられてきた前半の石器群を見直す必要がある点は本文中で述べた。中期旧石器時代最末期と中期旧石器時代から後期旧石器時代の移行期を設けたために、後期旧石器時代の初頭期を従前の説より新しく、約三万二〇〇〇年前としたらどうであろうか。

▼吉岡遺跡群　吉岡遺跡群では今から約三万七〇〇〇～三万二〇〇〇年前のB5層→B4層下部→B4層中位→B4層上部→B3層で石器群が出土した。AT以前の石器群の編年を捉えるうえで重要である。

▼高井戸東遺跡　一九七六年発掘調査が実施された。その結果、約三万六〇〇〇年前から三万四〇〇〇年前までの石器群Ⅹ層→Ⅸ層下→Ⅸ層中→Ⅸ層上が層位的に出土した。Ⅹ層では局部磨製石斧と基部加工のナイフ状石器、Ⅸ層下部は局部磨製石斧と台形様石器が出土した。

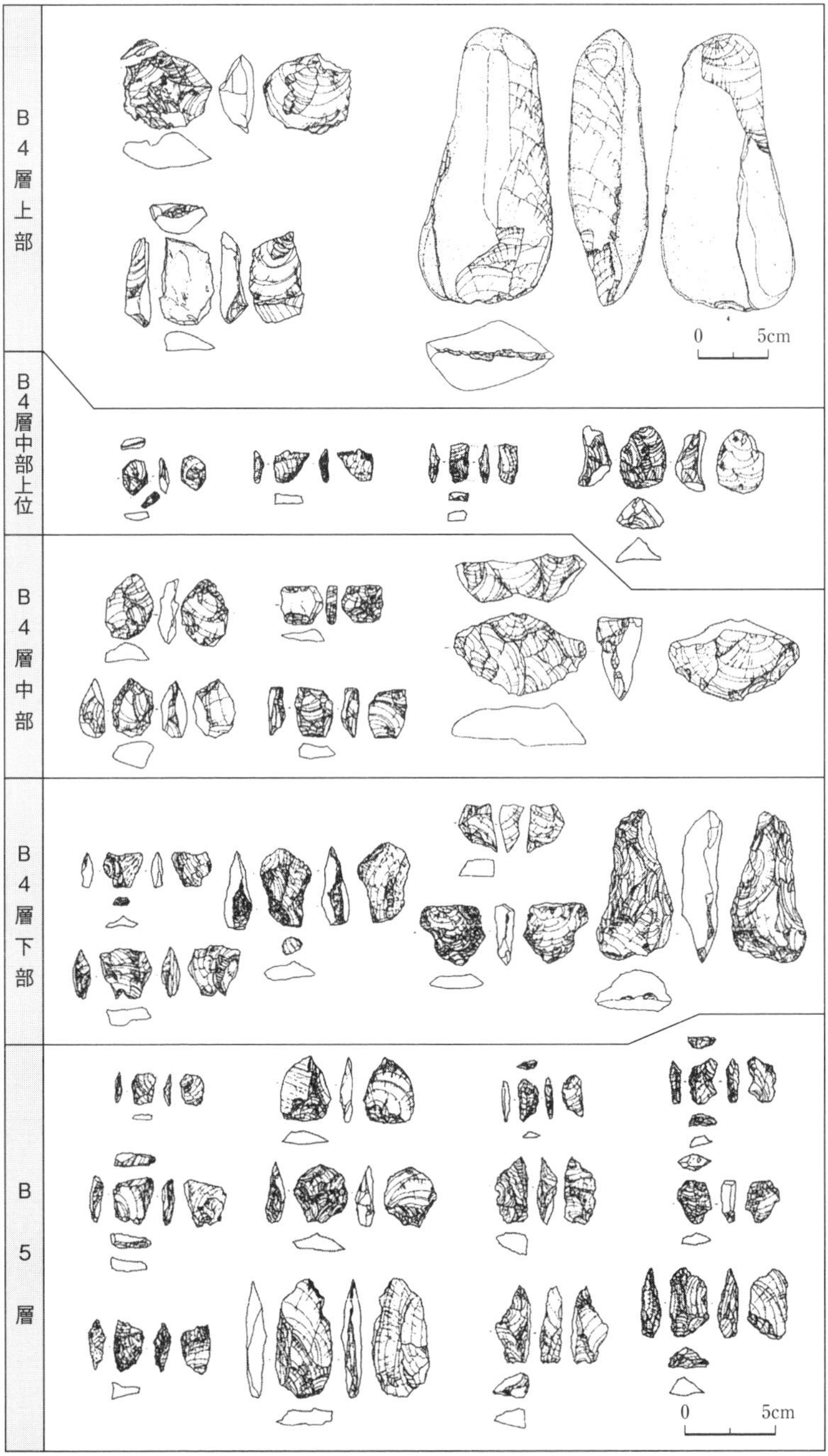

図20　吉岡遺跡群D区、B5層〜B4層上部出土の石器

や鋸歯縁《きょしえん》加工の技術的特徴が見られる。とりわけ吉岡遺跡群Ｄ区B5層では台形様石器、ナイフ状石器、削器、彫器等の組合わせを持つ。ナイフ形石器のように、入念に調整された石核から剥離された定形剥片を素材としたものではなく、不定形で寸づまりの剥片を素材としていた。石器の石材は南関東地方や北関東地方の珪質の硬いチャートが利用されていた。この石材は吉岡遺跡例より時期的に古い長野県飯田市石子原《いしこはら》遺跡でも用いられ、尖頭形石器、削器、台形様石器等が製作されていた。

以上の点から、これらの石器群は後期旧石器よりも中期旧石器時代の最末期の様相を残すものと思われる。その編年はおおづかみに捉えると石子原遺跡→吉岡遺跡群Ｄ区B5層→武蔵台遺跡Xb層となろう。石子原遺跡より古い石器群はまだ明らかになっていないが、その前代には岩手県金ケ崎町柏山館《かしやまたて》遺跡や同県遠野市金取《かねどり》遺跡の石器群が位置づけられるかもしれない。柏山館遺跡では八万数千年前の阿蘇４火山灰、御岳火山第１軽石を含む火山灰が検出され、その層に相前後して剥片、ハンマーストーン、木炭片が出土した。またその上層にもナイフ状石器、尖頭形石器、スクレイパーの石器群が出土している。金取遺跡では阿蘇4火山灰に相前後して打製石斧、チョッパー、チョッピングツール、剝片が出土した。

中期旧石器から後期旧石器の移行期は、Ⅹ層上部ないしⅨ層下部の局部磨製石斧と台形様石器、基部調整尖頭石器、基部加工のナイフ状石器の一群が相当し、Ⅶ層の切断手法や裏面基部加工等による二側縁加工や縦長剝片を切断して製作する台形(様)石器や端部加工のナイフ形石器が登場する段階を、後期旧石器の初頭期として捉え直す必要があるかもしれない。

一方縄文時代草創期は暦年代にすると最古ドリアス期より古く位置づけられ、隆線文土器群はおおよそ古ドリアス期に位置づけられる点を堤隆・谷口康浩そして春成秀爾各氏が指摘している(図2参照)。その場合、後期旧石器または晩期旧石器時代と縄文草創期の枠組みを再検討する必要があろう。

④―移動生活と集落

約三万年前の集落形態とその意義

今から約三万五〇〇〇年前の局部磨製石斧と台形様石器をもつ集団は、環《かん》状《じょう》の石器ブロック▲を構築した。これらの分布は単に石器製作のためだけではなく、環状集落ともよばれ、大形動物が水飲みや水浴びに来るような湿地や湧水《ゆうすい》地《ち》の近くに構築した。

例えば、群馬県伊勢崎市下触牛伏《しもふれうしぶせ》遺跡▲は二〇を越える石器ブロックからなり、その規模は径約五〇メートルを測る。遺跡の東は南北に広がる沖積面に接しており、かつては湿地帯であったものと思われる。また長野県信濃町日向林《ひなたばやし》B遺跡▲は野尻湖畔から南東約一キロメートルのところに立地する。遺跡の後背地は水田で、かつては湿原であった。環状ブロックは長径約五〇メートル×短径約四〇メートルの一五のブロックによって形成され、さらに環状の中に五ブロックが密集している。また環状ブロック群の東にも三ブロックがやや離れて分布し、南側には七ブロックが環状ブロックに接して分布している。注意すべきこ

▼**環状の石器ブロック**　遺物の集中地点が多数環状にめぐって構築されたもので、一つ一つの集中地点は居住地ないし作業場と推定される。それらがより集まって環状を呈するところに意味をもつ。

▼**下触牛伏遺跡**　一九八二～八四年にかけて断続的に発掘調査された。出土した石器は台形様石器と基部加工のナイフ状石器、局部磨製石斧の組合わせをもつ。武蔵野台地のⅨ層、相模野台地のB4層の石器群に対比されよう。

▼**日向林B遺跡**　一九九三～九五年にかけて発掘調査が実施された。その結果、環状ブロック(集落)が検出され、多量の局部磨製石斧と台形様石器、掻器等が出土し、注目された。

とは局部磨製石斧が七一点と大量に出土し、一五の環状ブロックのうち一一ブロックに石斧を有し、環状ブロックの中枢部では五ブロックのうち二ブロックから石斧が出土している。ブロックには局部磨製石斧が一点のみならず、複数出土するブロックがあり、局部磨製石斧の集積状を呈した例も複数のブロックで認められた（図21）。

これらのブロックの石器には同一母岩▲や接合資料が存在することから、環状ブロックは同一時期に形成された所産であろう。また谷和隆氏によれば、局部磨製石斧の石材は透閃《とうせん》石岩や蛇紋岩《じゃもんがん》製で、新潟県と富山県境付近の姫《ひめ》川下流域に原産地の存在が知られている。また狩猟具が予測される台形様石器は和田峠《わだとうげ》産の黒曜石を用いている。道具の種類によって石材を違えている点に留意する必要性があろう。

南関東地方では例えば東京都小平市鈴木遺跡▲のように、石神井《しゃくじい》川の湧水地を取り囲むようにして石器群が稠密《ちゅうみつ》に分布している。そこでは局部磨製石斧が十数点出土している。また野川《のがわ》流域の武蔵台遺跡では局部磨製石斧一〇点が出土している。遺跡の東約三〇〇メートルの位置には黒鐘谷《くろがねだに》とよばれる比較

▼**同一母岩**　製作された石器の石材が同じことをいう。

▼**鈴木遺跡**　一九七四～八二年にかけて断続的に大がかりな発掘調査が実施された。遺跡は石神井川の源流にあり、この谷頭部を取り巻くように約三万五〇〇〇～一万七〇〇〇年前にかけての九文化層の石器群が検出された。

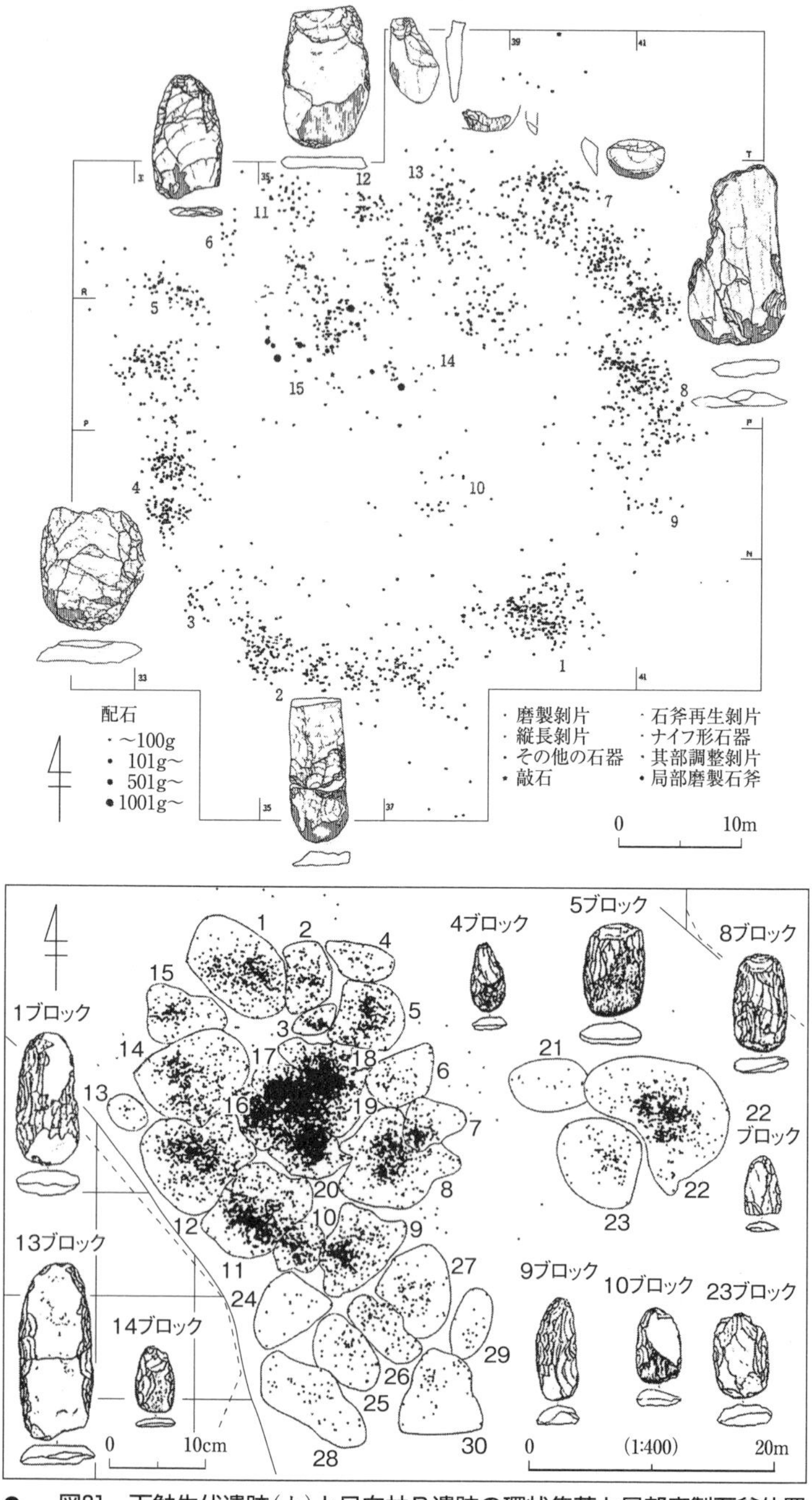

●——図21　下触牛伏遺跡(上)と日向林B遺跡の環状集落と局部磨製石斧位置(下)

的広い開析谷があり、湧水が豊富であった。

　この時期の石器は、台形様石器と基部加工のナイフ状石器そして局部磨製石斧の組合わせが顕著である。局部磨製石斧はこの時期を過ぎると急激に衰退していく。そのことから木工具というような伝統的な工具だけに用いられたものではなく、春成秀爾氏が指摘したように、大形動物の解体道具として利用された可能性が高い。このように考えると、この環状ブロックの意義▲は大形動物の捕獲、解体の場として捉えることができよう。つまり湿原や豊富な湧水地を求めて大形動物が集まるような場に近い位置に環状集落を構築し、大形動物を捕獲、解体し、祭りを行ない、分配する場であったのであろう。

約二万年前の集落とその意義

　約二万六〇〇〇年前のＡＴ降灰後の旧石器時代の集落は、環状にブロックが崩れるようである。河川沿いに石器のブロックが「い」の字状ないし弧状の分布を呈す（図22）。この転換の理由は明らかではないが、第一点はオーバーキルによって大形動物が衰退し、狩猟対象を中形、小形動物にせざるを得なくなって

▼**環状ブロックの意義**　かつて筆者は、環状集落の中央広場をトーテム信仰や墓地と推定したことがある。大形動物の解体、分配は、おそらく祭りの行為の介在のもとに行なわれたのであろう。なお栃木県佐野市上林遺跡は、出居博氏によって長径八〇メートル、短径五〇メートルの日本最大の環状集落が調査された。遺物集中地点のあり方から石器交換の場と考えた。

きたこと。第二点としては前代より人口が増加することによって、食料確保のために漁労に目が向けられたことである。そして第三として、中小河川流域では飲料水等の確保のために、集落の水場としての中小河川に対する評価が高くなることなどによって、集落形態が河川ごとに変容したのであろう。

この点について安蒜政雄氏は、集団が河川流域を単位として、より狭い地域の周回移動をしていたと意義づけている。そのためか「い」の字状の居住配置は、集落の上方が開かれた出入り口に相当し、狩り場などのルートへつながっている。他方「い」の字状ないし「弧状」に共通して、河川は水場の確保とともに漁労が芽生えた可能性が推定されるし、集落の下方は河川交通などの舟着き場であった可能性があろう。

ナイフ形石器文化後半の砂川期の段階には石槍が伴うようになる。これと軌を一にして、石囲炉や住居状遺構が盛んに構築される。神奈川県藤沢市用田鳥居前遺跡では、大きな炭化材が柱穴の一部に埋め込まれていたことから、木造遺構の可能性が指摘された。後続する月見野期の神奈川県相模原市田名向原遺跡では住居状遺構▲が構築され、その住居の縁に沿うように、玄武岩製の磨石状

▼**住居状遺構**　環状ブロックがあたかも縮小して再来したかのような遺構が検出されている。したがって竪穴住居跡のような住居施設とは異なるものかもしれない。

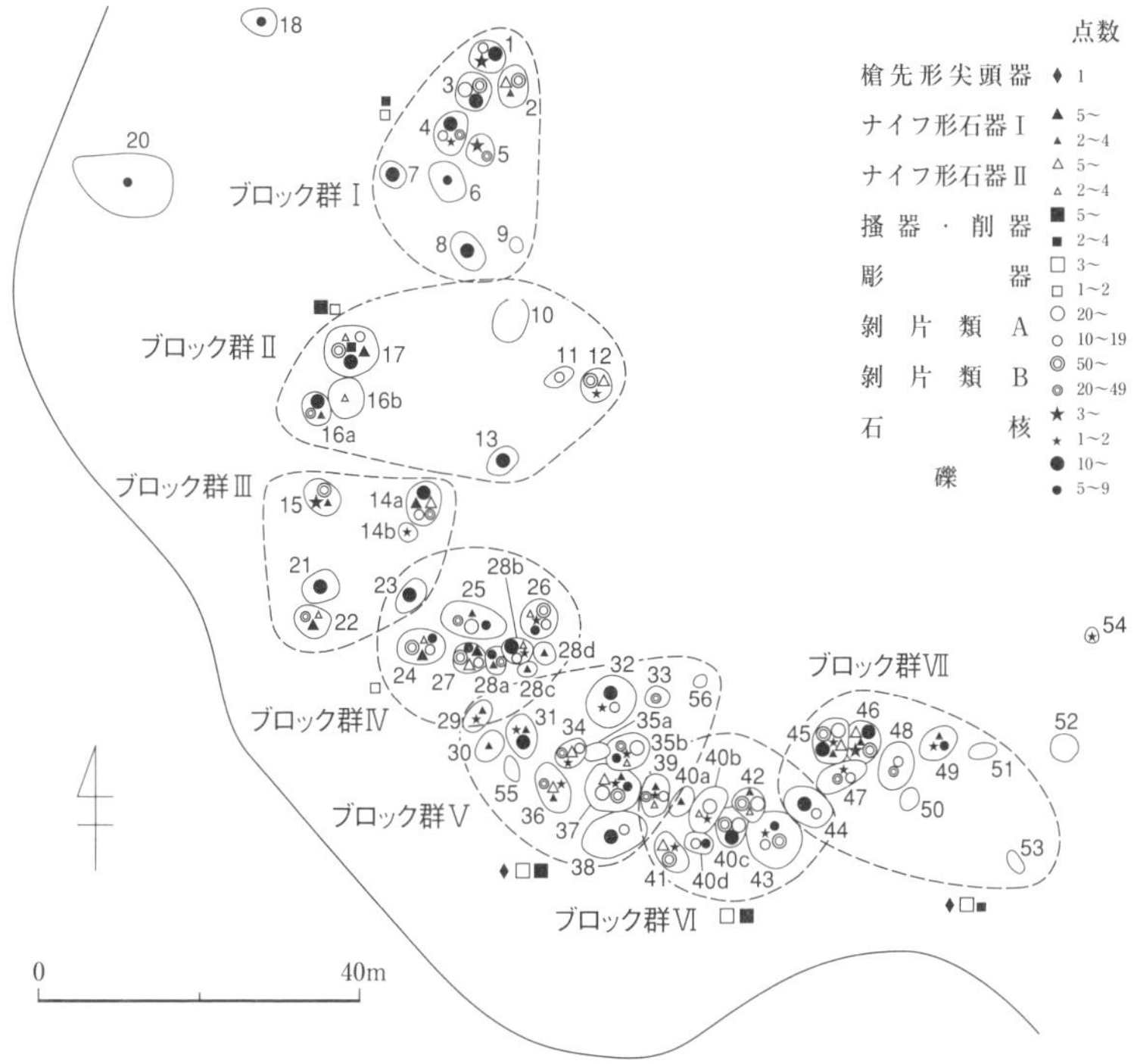

●──図22　栗原中丸遺跡第Ⅴ文化層ブロック群　図中の1〜54の数字は、それぞれ石器集中地点(ブロック)である。張り出した台地に沿って弧状のブロックを配置して集落を形成している。

●──休場遺跡の石囲炉(前方2号・後方1号)

石器や大形の石核などをめぐらせ、その内側に柱穴が構築され、焼土や多量の炭化粒が分布していた。出土した石器は信州系の黒曜石製の石槍が多く、他にナイフ形石器や削器が出土している。群馬県前橋市木暮《こぐれ》東《ひがし》新山《あらやま》遺跡では住居の壁や柱穴をもつ住居状遺構が検出されており、この時期の居住形態の一端が明らかにされようとしている。

　神奈川県西部の清川村に所在する宮ケ瀬《みやがせ》遺跡群▲や愛鷹《あしたか》山麓▲では石囲炉が構築されていた。長野県信濃町上ノ原《うえのはら》遺跡では一・五メートル間隔で直線的に五基の石囲炉が検出された。この遺構は主に細石器ないし石槍を伴っていることは留意される。そして細石器を出土した静岡県沼津市休場《やすみば》遺跡▲ではコの字状に配した石囲炉が発見されている(七一ページ下参照)。これらの諸施設の構築から、この時期は遊動生活をしていたとは言い難く、定住化の様相が認められるのである。したがって後期旧石器時代の後半には、移動生活を主としながら、一定期間定住する半定住化が行なわれた蓋然性が高いものと思われる。

　集落の形状は環状配置から、河川沿いに「い」の字状ないし弧状配置そして小規模環状遺構や竪穴状遺構へと変化する意義をそこに見いだすのである。ただ

▼宮ケ瀬遺跡群の石囲炉　サザランケ遺跡、上原遺跡、中原遺跡では河原石を配した炉が検出されている。

▼愛鷹山麓の石囲炉　静岡県長泉町野台遺跡第Ⅱ文化層では良好な石囲炉が検出されている。「い」の字状ないし円形に川原石をめぐらしている。また同町下長窪遺跡ではU字状に配した石囲炉が検出されている。

▼休場遺跡　休場遺跡は一九六四年発掘された。出土した細石核は角柱型の野岳型を主に、船野型の細石核を伴う。この時期には少ない石囲いの炉が検出されている。

環状配置から「い」の字状や弧状配置へと直接変化したものかどうかは、今後の良好な発見事例を待たねばならない。例えば過渡期として約二万六〇〇〇年前の武蔵野Ⅳ下層の東京都東久留米市自由学園南遺跡のように双環状をしたものや、約三万二〇〇〇年前の吉岡遺跡群相模野B3層では弧状配置、B2L層の吉岡遺跡群D区のように弧状と環状が組合わさった配置をとった例が後代で検出されていること等から、環状化が大きさやかたちを変えながらも、ナイフ形石器文化終末期〜石槍文化の時期に、円形の竪穴状遺構や住居状遺構となって受けつがれているのかもしれない。

集落には居住地があれば、当然墓も存在しよう。北海道知内町湯の里4遺跡▲では、長径一・一×〇・九メートルの範囲にかんらん岩製の一点の垂飾りと三点の玉とコハク製の垂飾り(七四ページ上参照)が、石刃製の石核、台形石器とともに出土している。石器が集中する北西には濃密な赤色土壌が分布しており、墓と推定されている(図23)。また北海道今金町美利河《ぴりか》I遺跡▲でも焼土中からかんらん岩製の玉四点が一ブロック中から出土し、他の三ブロックとは離れて分布していた。なお出土状況は不明であるが、副葬品と推定される千枚岩《せんまいがん》製の隅

▼**湯の里4遺跡**　一九八三・八四年に発掘調査された。調査の結果、V層中から蘭越型の細石核四点と、その周囲から石製の玉三点、垂飾り二点、台形石器二点が出土した。なお、その直下に赤色土壌の分布が認められ、墓と想定された。

▼**美利河I遺跡**　美利河技法による楔形細石核や蘭越型細石核、大形の神子柴型尖頭器、有舌尖頭器など時期の異なる石器群が出土している。恐らく玉類は湯の里遺跡同様蘭越型細石核に伴うものであろう。

●—湯の里4遺跡の土壙墓出土の副葬品

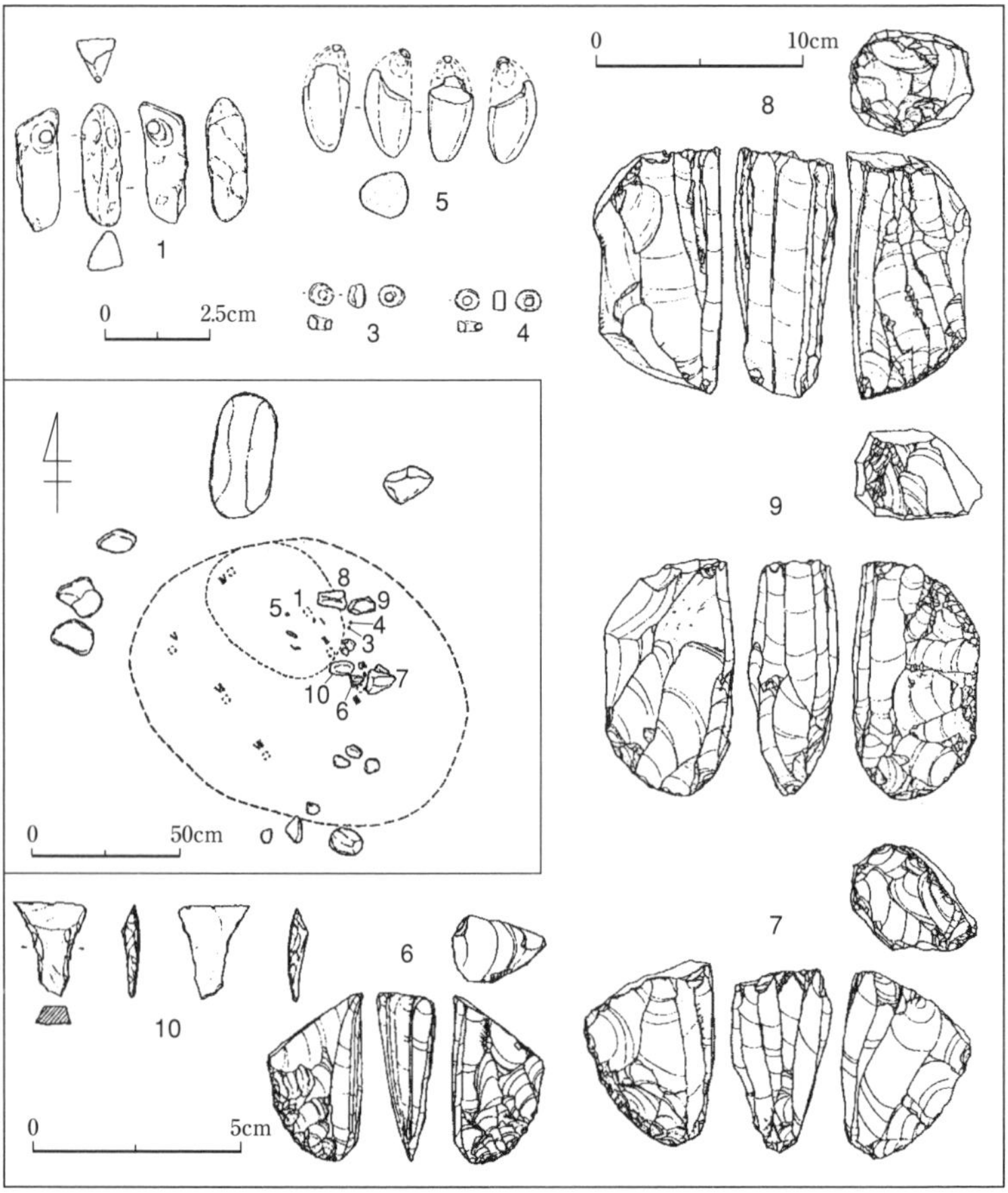

●—図23　湯の里遺跡群湯の里４遺跡ピット15の遺物出土状況

丸方形の有孔円盤《ゆうこうえんばん》が三重県大台町出張《でばり》遺跡▲で出土している。

半定住化を促進させたのは、水場の確保と漁労活動への積極的な介在があげられよう。とりわけ後者は、環境の変化と大形動物に対するオーバーキルによって、その多くが絶滅状態になってくると、中形・小形動物を主な対象にせざるを得なくなる。しかしそれにとどまらず、新たにサケ・マス漁に伴う漁労活動が導入されるようになって、年間のスケジュールが可能になり、一定期間定住化が促進されたのであろう。

拠点集落とキャンプ地

旧石器時代の集団は、日常的に移動生活を基本とした行動▲をとって生活している。民族事例では離合集散が日常的に行なわれる。例えば田中二郎氏によれば、ブッシュマンが一年間に移動する距離はおよそ三〇〇キロメートルと推定されている。しかしこのような民族例の諸行動が、そのまま環境や時代の異なる旧石器時代の集団にあてはまるものではない。

旧石器時代における拠点的集落は、①遺物集中地点が多数存在し、遺物集中

▼**出張遺跡**　一九七六年に発掘調査された。調査の結果、主として二万六〇〇〇～二万一〇〇〇年前のナイフ形石器を主体とした石器群が出土した。

▼**旧石器時代人の行動領域**　この時期の集団は、一定の領域（テリトリー）をもっていたと推定されている。まだこの領域の広さは明らかではないが、約二キロメートル離れた神奈川県綾瀬市吉岡遺跡群B区と同県藤沢市用田鳥居前遺跡の石器が接合した。

地点間で同一母岩が存在するのみならず、石核《せっかく》・剥片《はくへん》・石器の接合が認められること、②礫群《れきぐん》が広い範囲にわたって複数分布し、しかも礫集中地点間で接合が認められること、③遺物集中地点では狩猟具のみならず、加工具が豊富に認められること、④炉跡《ろあと》や竪穴状遺構などを構築すること、⑤配石《はいせき》を構築していることなど、いくつかの条件を複数持っているか否かによって、拠点的集落かキャンプ地か判別できる材料となるかもしれない。

神奈川県相模原市田名向原《たなむかいはら》遺跡では住居状遺構一棟と複数の遺物集中地点、礫群が検出されている。竪穴状遺構は長径約一〇メートルで、円礫等で外周を配置していた。住居中央付近は炉が二箇所配置され、複数の柱穴が外周域近くに構築されていた。住居内には多数の尖頭器やナイフ形石器、削器、掻器、剥片と焼土粒、炭化物片が多量に出土した。

東京都野川流域の分布をみてみると、Ⅹ層（約三万六〇〇〇年前）、Ⅸ層（約三万三〇〇〇年前）、Ⅶ層（約三万二〇〇〇年前）、Ⅵ層（約三万一〇〇〇年前）、Ⅴ・Ⅳ下層（約二万六〇〇〇年前）、Ⅳ中・上層（約二万二〇〇〇年前）、Ⅲ層（約一万六〇〇〇年前）から石器が出土している。最も多く出土しているのはⅣ下層で、Ⅳ

●—田名向原遺跡　北からみた調査区。上方にみえるのが相模川。

●—田名向原遺跡の住居状遺構

●—発見当初（一九六〇年）の福井洞窟

●—泉福寺洞穴

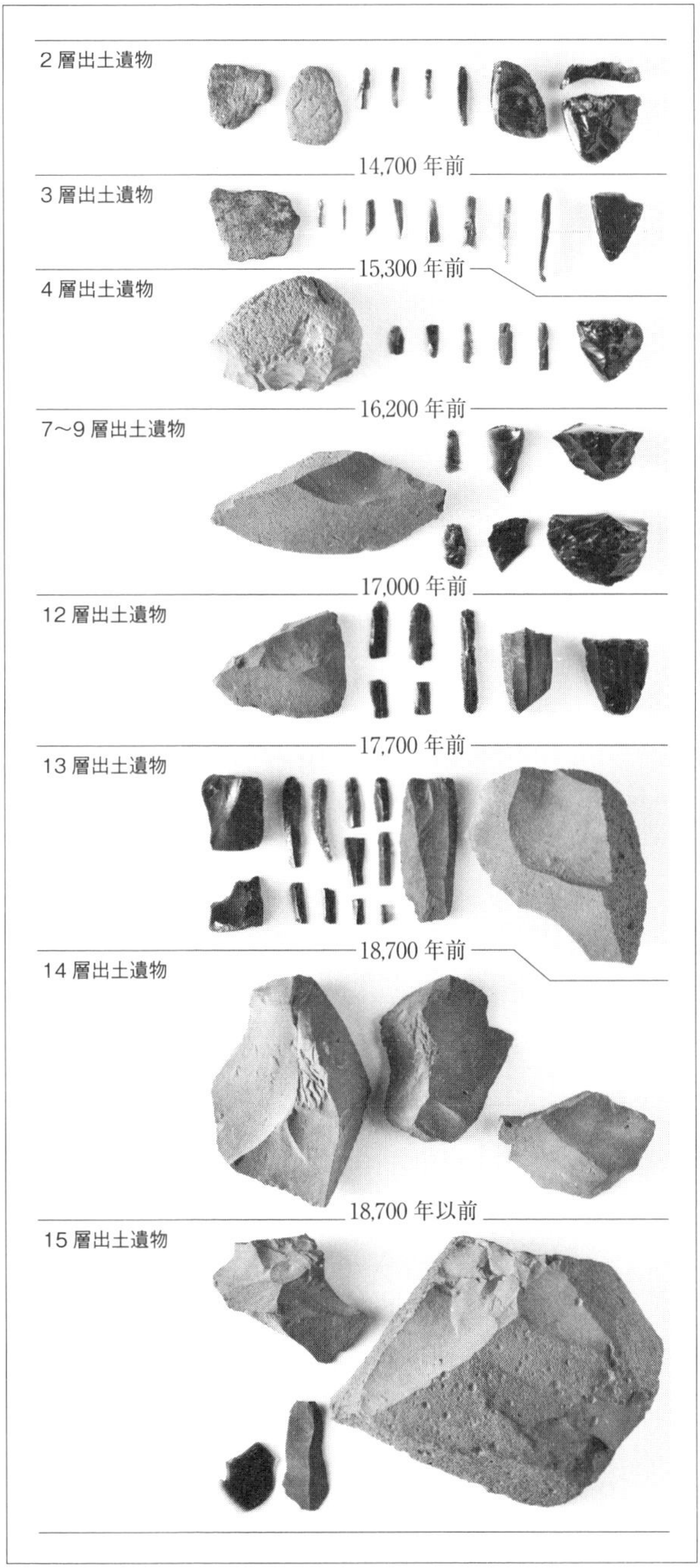

●──図24　福井洞窟 1 トレンチ出土遺物

中・上部、Ⅸ・Ⅹ層がそれに続く。Ⅳ層とⅨ・Ⅹ層が卓越する理由は、環状集落や「い」の字状や弧状の拠点集落を構築する時期と軌を一にし、人口増があった可能性を看過すべきではないであろう。

西北九州地方の長崎県佐世保市福井洞窟や泉福寺《せんぷくじ》洞穴は一万八〇〇〇年前の旧石器時代終末から一万三〇〇〇年前の縄文時代草創期にかけて細石器が多量に出土した洞穴遺跡▲である。生活遺構としては石囲いの炉址や焼土址、配石等が構築されていた。細石器製作の拠点として、周辺の洞窟や岩陰、開地遺跡と密接な関係をもって細石器の供給センターのような役割を担っていた遺跡と考えられる。

なお一万五〇〇〇〜一万四〇〇〇年前には細石器に隆線文土器や爪形文土器が共伴していた。

▼洞穴遺跡　川の浸食によって岩肌を側刻、下刻によってオーバーハングしたり、防空壕のようなほら穴が形成されたりした。その後人類が積極的に生活利用した遺跡のことを指す。洞穴遺跡、洞窟遺跡、岩陰遺跡を総称して洞穴遺跡と呼んでいる。

⑤—社会と文化

生業活動からみた文化

旧石器時代は自給自足による狩猟採集の生活が中心である。そのために食料獲得は計画的に安定した供給が得られる保証はない。しかし決して手をこまねいていたわけではない。狩り場に設けられた追い込み猟などによる、大がかりな集団協業が良い例である。

長野県信濃町野尻湖立ケ鼻遺跡▲ではナウマンゾウやヤベオオツノシカが湖底調査によって検出され、約四万〜三万年前には大形動物を集団で捕獲していた可能性が高い。そして三万二〇〇〇年前の静岡県三島市初音《はつね》ケ《が》原《はら》遺跡▲で土坑《どこう》群が検出されている。土坑の大きさは径約一・三〜一・七メートル、深さ約一・三〜一・五メートルの外が開くコップ形の形態をしている。それらの土坑は等高線を縦断または沿うように複数が配置されている。その数は五六穴あり、極めて密に配するところもあるが、おおむね整然と列状に配置する。その列をA〜D列に区分してみると、長径二〇〇メートル、短径一〇〇メートルの空間を

▼**野尻湖立ケ鼻遺跡**　八ページ参照。

▼**初音ケ原遺跡**　今から約三万二〇〇〇年前のフラスコ状の深い土坑群が列状に検出された。

囲うように設けられているように見える。

特にA列とC列をみると、A遺跡第1地点と第2地点に介在する谷部方向に、またB列とC列の東南方向が先細りして土坑が配置されていることから、動物を追い込むための柵が配されたものと推定されている。石器の集中地点からおよそ一〇〇メートル離れた、南側の地形が開けた場所に土坑が配されていることから、狩り場としたのであろう（図25）。なお土坑の配列状態から今村啓爾氏は落とし穴（陥穴）と考えている。

約二万六〇〇〇年前の武蔵野台地のⅣ下層、相模野台地のB2層では礫群《れきぐん》が発達している。例えば、東京都杉並区高井戸東▲Ⅸ層の礫群は東半分に石器のブロック、西半分に礫群が目立っている。高井戸東Ⅸ下層では礫群が八カ所確認され、礫総数二六～一〇〇〇点で、礫の重量は六〇〇～五一七〇グラムとなっている。それに対して、東京都東久留米市自由学園南遺跡▲Ⅳ下層は三九基の礫群が検出され、その総数は五五九〇点、二二八〇キログラムの重量の礫よりなる。とりわけ18・22号礫群では六一個体四四九点の接合が礫群間で観察できる。このような礫群を礫種から見ると、砂岩やチャート、凝灰岩、斑糲《はんれい》岩▲、ホルンフ

▼**高井戸東遺跡**　六二ページ参照。

▼**自由学園南遺跡**　一九七五・八〇・八八年に発掘調査が実施され、約二万三〇〇〇年前の岩宿Ⅱ期の規模の大きい礫群と、豊富な切出形石器を主体とした石器群が出土した。

▼**斑糲岩**　火成岩。粗粒で苦鉄質を含む。

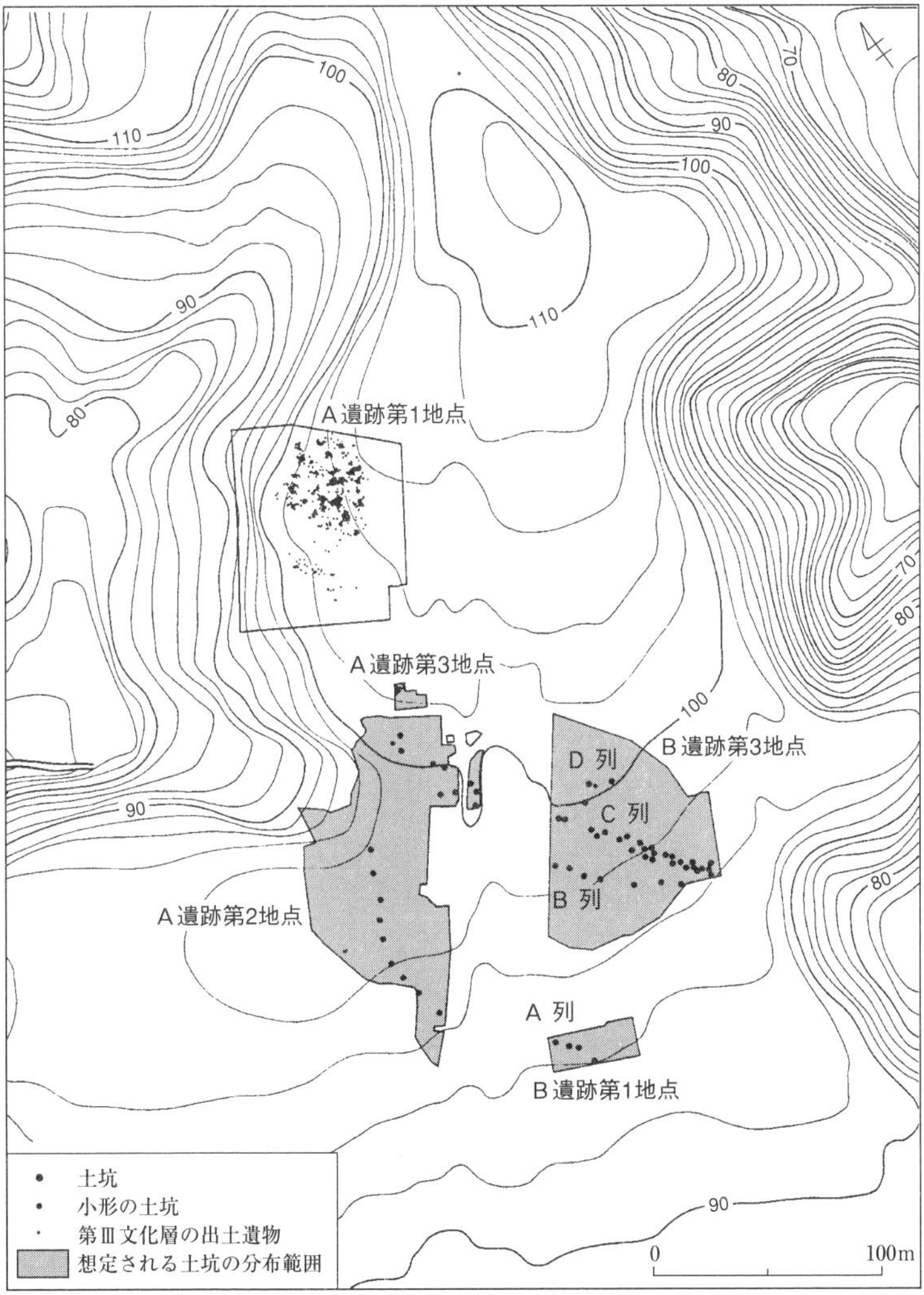

図25　初音ケ原遺跡第Ⅳ文化層の土坑配置

▼ホルンフェルス　変成岩。黒雲母または結晶を含む。

エルス▲など在地ないし近在地の河川で採取できる河原石が目立ち、集落内で必要に応じて採取されたものであろう。おそらく消耗品として使用後は廃棄される礫もあったが、中には別の石器ブロックで再利用されるライフサイクルがあったのであろう。

礫群は赤化したりタール状や煤《すす》が付着していることから、一般的には被熱され調理用に使われた施設と考えられている。礫群を構成する礫は完形のものと破損したものがあり、破損例は被熱によるものであろう。これらの破損した礫は本来一カ所に廃棄されるように思われるが、同じ個体の多くは他のブロックに分布したり、破損品と接合する場合も多い。しかも距離をへだてて接合する場合もある。そうであるならば、何故割れた礫群の礫がブロック間で接合するのであろうか。その接合過程を辿っていけば、礫群の新旧関係をおおむね把握することができよう。つまり破損しても礫片が別の場所に移動している点に留意する必要がある。このことは破片であっても礫片が未だ本来的な機能を有していると考えた方がよいかもしれない。

これらの礫群は幾つかのパターンとして区分できる。その一つは径一メートル内外の集石状をなすもの。二つには礫群が長径約四メートル×短径約二メートルにわたって散在するもの。たとえば、吉田幹氏の分析によれば、埼玉県朝霞市泉水山《せんすいやま》・下《しも》ノ原《はら》遺跡▲の礫群は何度も被熱されているが、集石は被熱が顕著でないという。三つには礫群の中に幾つかの視覚的にまとまりうるブロック群で構成される例がある(図26)。

神奈川県綾瀬市吉岡遺跡C区B2L上部で検出された集石状の礫群から、イノシシ科の乳歯が発見されている(八六ページ参照)。このことから二万六〇〇〇年前はおそらくイノシシやシカなどの中形動物や小形動物が狩猟対象になっていくのであろう。

約一万七〇〇〇年前の新潟県長岡市荒屋《あらや》遺跡では住居状遺構、土坑・炉が検出され、土坑内には焼土や炭化物の分布が認められた。この例は、縄文時代草創期の石槍とともにサケの顎歯《がっし》が多量に検出された東京都あきる野市前田耕地遺跡の住居状遺構の在り方に類似し、サケ・マス漁に関連する施設と推定されている。

このように生業形態は、捕獲対象が大形動物から中形・小形動物に代わり、

▼泉水山・下ノ原遺跡　一九六三年から岩宿Ⅱ期の大集落が継続的に発掘調査されている。

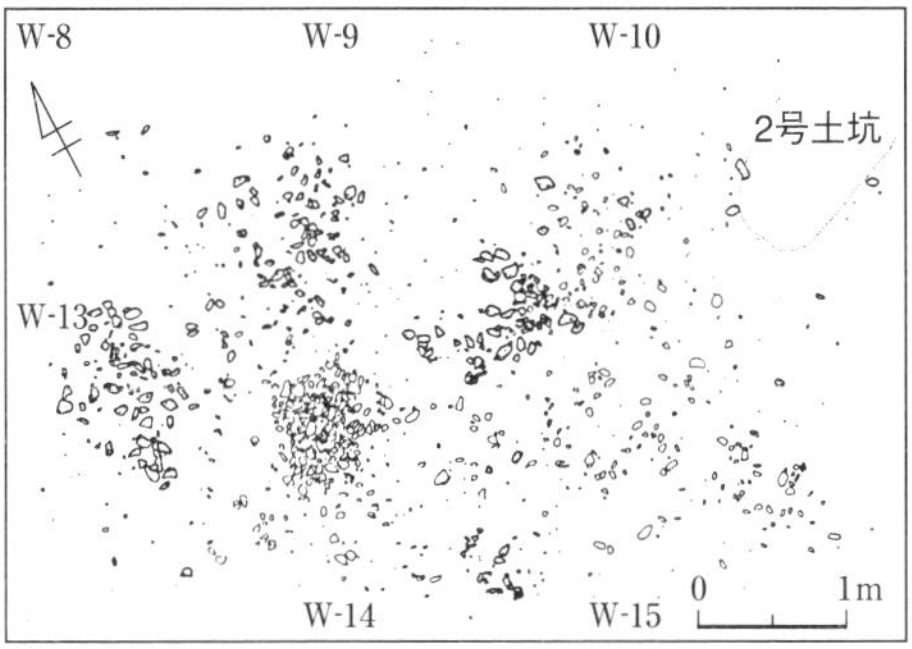

●図26　泉水山・下ノ原遺跡4・17号礫群の分布

●—吉岡遺跡C区20礫ブロックの出土状況

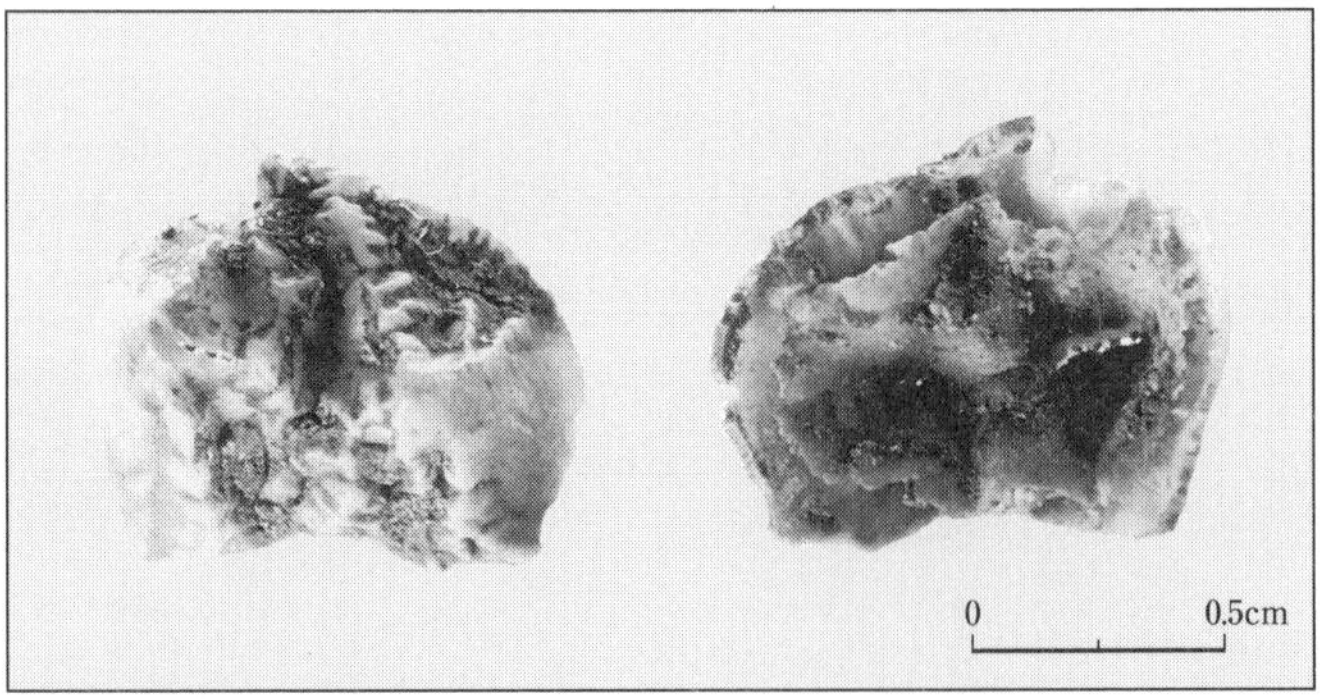

●—吉岡遺跡C区20礫ブロック出土のイノシシ科の乳歯　左は外面、右は裏面。

その後にサケ・マス漁を含む河川漁労が併行して行なわれていくものと考えられる。

石器の流通組織

特殊な石槍として、石槍状に両面加工を施した後にナイフのような刃部を形成した樋状剝離尖頭器《ひじょうはくりせんとうき》がある。この石器製作手順を追求していくと、石槍の原形が製作され、その原形が次の遺跡に持ち込まれる。そこで原形から削片が剝がされて樋状剝離尖頭器となり、その製品が他遺跡つまり消費地遺跡に分配される。このようにみると、石材産地で粗割《あらわ》りの石槍が作られたとするならば、中継地遺跡、消費地遺跡といったように、少なくとも数回石器は製作過程に応じて移動していることになろう。この動きは当然製作者あるいは生産者と消費者といった動きと連動しているわけである(図27)。

ちなみに九州地方における角錐状《かくすいじょう》石器を例にとると、消費地遺跡と原産地遺跡では石器の分布に大きな差異がある。つまり原産地遺跡では角錐状石器と他の石器群との分布にあまり大きなへだたりがなく、石器の分布も中央部に位

図27　石槍の生産と消費

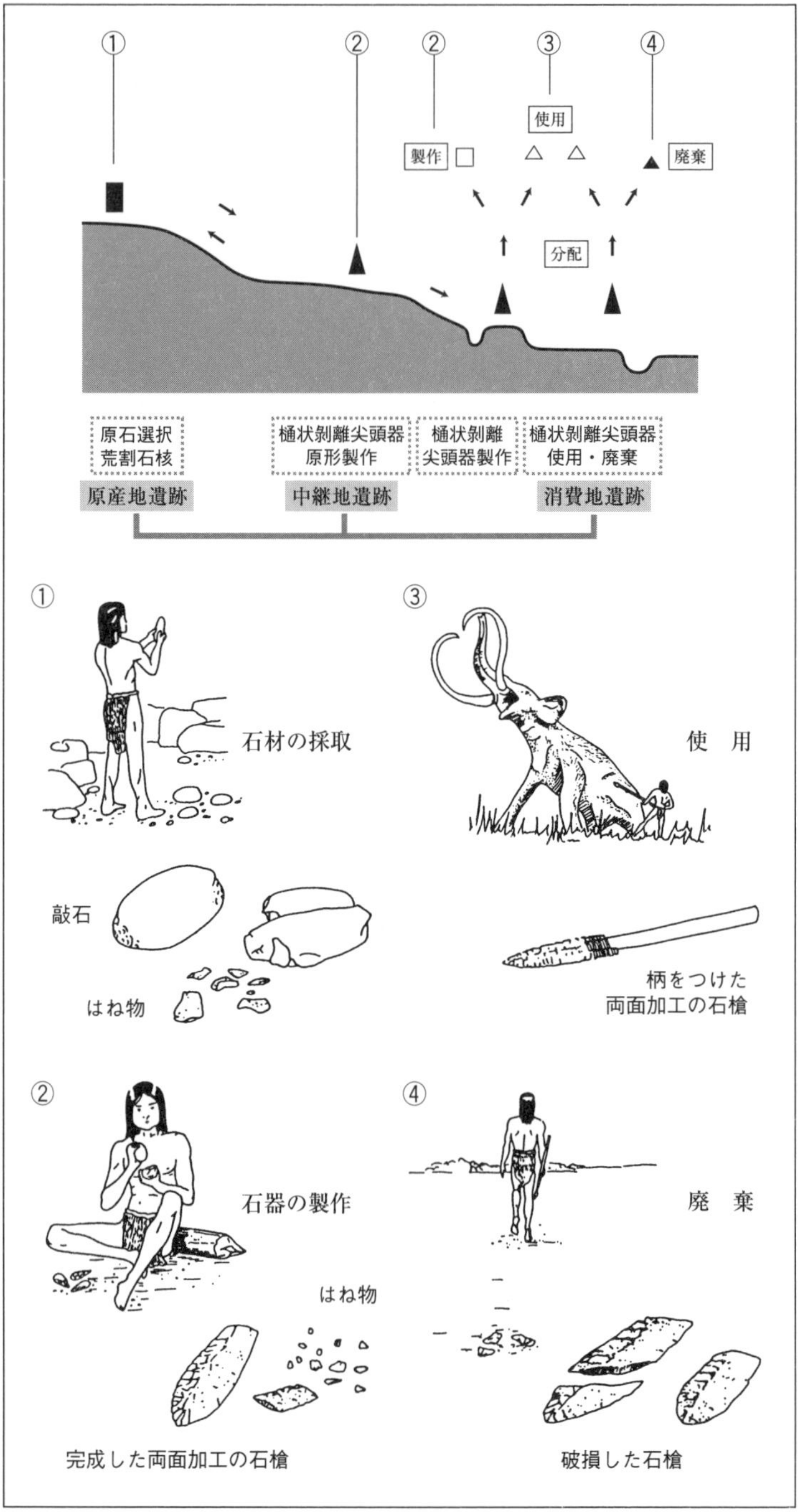
①
②
②
③
④
使用
製作
廃棄
分配
原石選択
荒割石核
樋状剝離尖頭器
原形製作
樋状剝離
尖頭器製作
樋状剝離尖頭器
使用・廃棄
原産地遺跡
中継地遺跡
消費地遺跡
①
石材の採取
敲石
はね物
③
使　用
柄をつけた
両面加工の石槍
②
石器の製作
はね物
完成した両面加工の石槍
④
廃　棄
破損した石槍

図28 搬入石器の流通組織

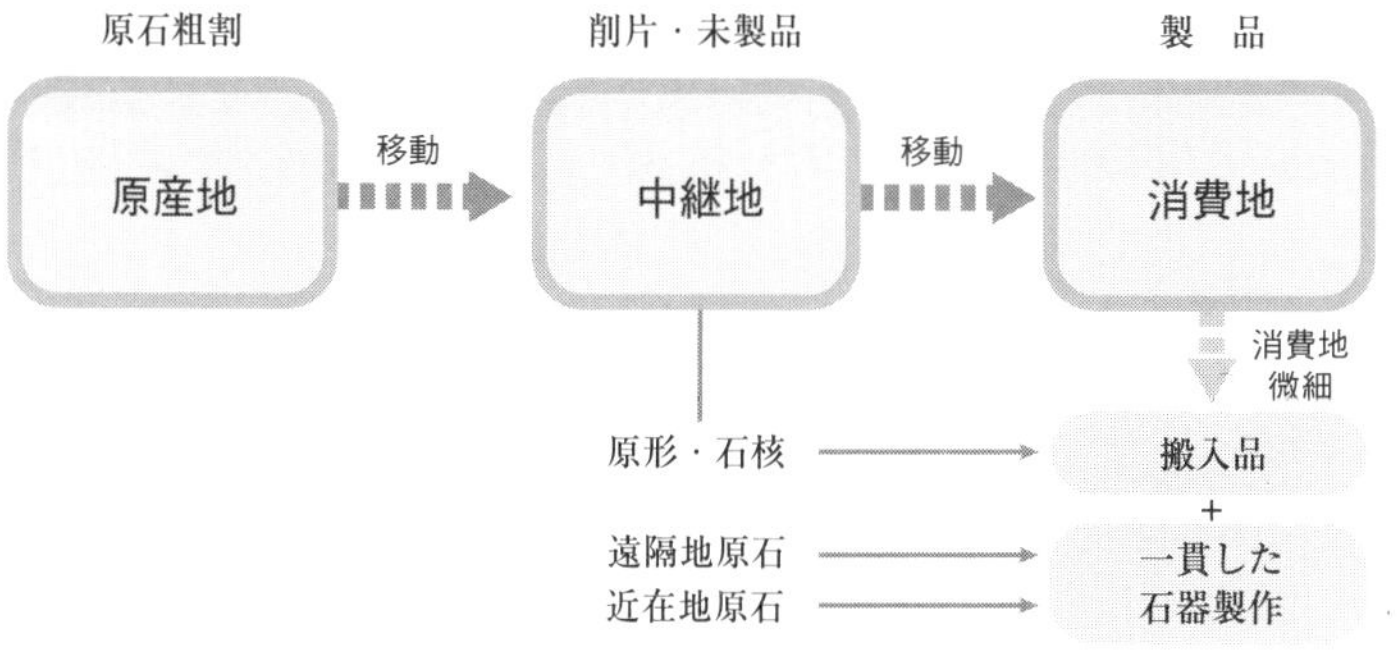

置する場合が多いが、消費地遺跡の場合は、石器の分布は外縁部または集中分布する石器群から離れた単独出土が目立っていた。また東京都千代田区竹橋門遺跡では、多くの樋状剥離尖頭器の削片が残った石器群で、製品は消費地に搬出したためであろう。一般的に消費地では砂川期の茂呂型ナイフ形石器や端部加工のナイフ形石器の一群が主で、この中に、樋状剥離尖頭器が同一母岩をもたず、しかもブロックの縁辺部ないし単独分布しているケースが多い。このことは消費地に樋状剥離尖頭器が分配された結果、分布に反映されたと思われる。

先に見た消費地遺跡における樋状剥離尖頭器の分布の在り方は、角錐状石器でも同様な状況が認められる(図27・28)。つまり九州地方における大形の角錐状石器はナイフ形石器、削器、掻器などに用いた素材とは大きさの点で利用できず、角錐状石器独自の素材を作り上げて製作していたものと考えられる。

このような様相は埼玉県上尾市殿山《とのやま》遺跡における国府型ナイフ形石器の分布も同様な傾向が読みとれる。共通していることは単一製品でしかも同一母岩は認められないこと、その石器が生産地から消費地に入り込む過程で、分布状況が大きく変わることである。これは消費地での何らかの意思の現われであり、そのような分布状況の背景をとらえていく必要性があろう。

石器が他地域から搬入された場合、ブロックの外縁部や単独出土が目立つのは、搬入品は一定の場（外縁部）の道具置き場に収納された可能性があろう。▲

旧石器時代の文化と社会

旧石器時代は狩猟採集社会であり、しかも土器を持たない文化であることから、停滞した原始的な生活が推定されるが、果たしてそうであろうか。その点を考察するために、最新の旧石器時代研究の成果を基に旧石器時代の文化と社会を概観しよう。

第一点は④章であげたように、少なくとも後期旧石器時代の後半およそ二万年前には、住居状遺構や石囲炉の居住施設が構築されるようになることから、半定住化していた可能性が高いことである。

第二点は遺跡間による接合によって、移動形態の実体が浮き彫りになってきた点である。例えば長野県南牧村中《なか》ッ原《ぱら》Ⅰ遺跡▲G地点の黒曜石製の台形状の石器と中ッ原B5遺跡の剝片が、四〇〇メートル離れて接合した。また新潟県津南

▼搬入品の区別　搬入品は既存の石器群とは区別されたのであろう。それだけ貴重品として扱われたことが分布にも反映していたものと推定される。

▼中ッ原Ⅰ遺跡　一九九〇年発掘調査され、湧別技法による細石核、掻器等が出土している。

▼下モ原Ⅰ遺跡　一九九六年発掘調査され、九ブロックの遺物集中地点が確認された。石器は彫器一四六点、彫器の削片一〇九点、ナイフ形石器一〇二点が出土している。この遺跡は彫器の製作跡であり、本遺跡から他遺跡に製品を搬出していたことが考えられる。

町下《し》モ原《はら》Ⅰ遺跡▲で出土した五点の彫器と同町居尻《いじり》A遺跡▲から出土した削片《さくへん》が約六〇〇メートル離れて接合した。遺跡間では段丘が一段違えており、下モ原Ⅰ遺跡で製作された彫器が居尻A遺跡で使用されたことを物語っている。また神奈川県藤沢市用田鳥居前遺跡▲と綾瀬市吉岡遺跡群B区▲は約二キロメートル離れて接合した。特に吉岡遺跡群B区で剥離された石器が用田鳥居前遺跡に持ち込まれ、そこから再び吉岡遺跡群B区に持ち込まれている。つまり吉岡遺跡群と用田鳥居前遺跡は石器の接合を通して関連する遺跡であることが把握されたのである(次ページ参照)。

第三点は旧石器時代の集団は石器の材料とする石材の入手に大きな労力をかけている点である。ナイフ形石器の前半の段階では、遠距離にある石材を集団が直接採取していた蓋然性が高い。つまり該期の集団は単に食料獲得のためだけではなく、石材採取を含めた移動生活が行なわれていたのであろう。しかし後半の段階では遠隔地にある石材は直接集団が採取するのではなく、主に交換によって獲得するような社会が形成されつつあったのであろう。

このように、旧石器時代の文化は決して停滞したものでないことは明らかで

▼居尻A遺跡　一九九八年発掘調査されたもので、ナイフ形石器二八点、彫器二五点、彫器の削片三八点などが出土している。

▼用田鳥居前遺跡　相模野台地上に占地している。一九九五年に調査した資料で、柱穴のある大形炭化材が検出され、その地点から一五メートルの位置で、七三点の石器が出土した。

▼吉岡遺跡群B区　高座丘陵上にある。一九九八〜二〇〇〇年にかけて二次調査が行なわれ、B1層下部の砂川期の時期の遺物集中地点が二カ所検出された。七〇〇点以上の石器が出土した。そのなかで凝灰岩、碧玉(黄玉石)、珪質頁岩が接合した。

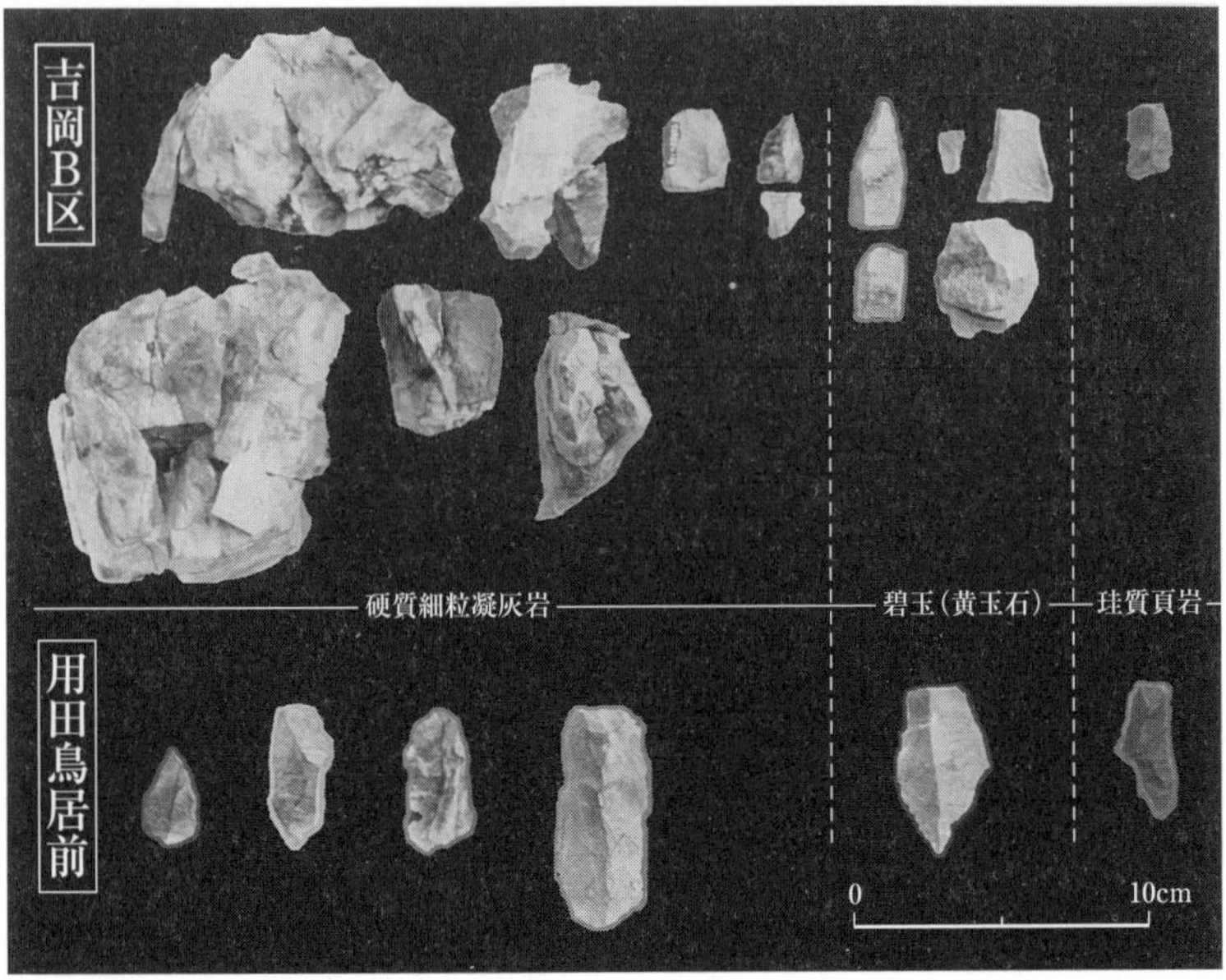

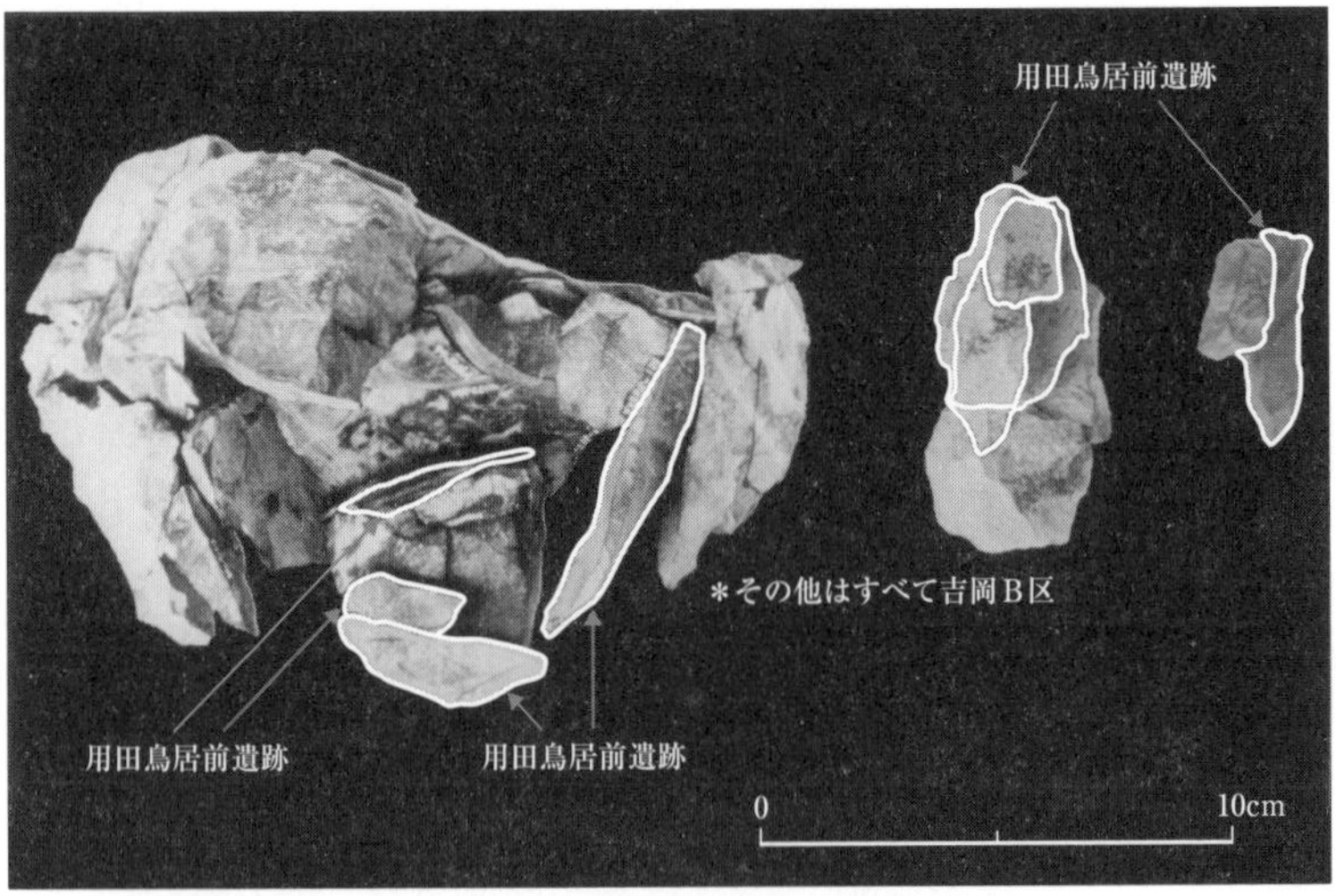

●──吉岡遺跡群Ｂ区と用田鳥居前遺跡の遺跡間石器接合資料

あろう。特に各種居住施設の構築は定住化を彷彿させるものであるが、その背景は大形動物の衰退に伴う中形・小形動物への狩猟や、漁労活動への転換によるものであろう。

中期旧石器時代から後期旧石器時代にかけての移行期では、一家族や親族を乗り越えた大がかりな集団の協業によって、大形動物の捕獲や解体、分配作業が行なわれた蓋然性が高い点について別項で述べた。後期旧石器時代後半になると、中形・小形動物の捕獲作業は、一つは集団による協業作業、例えば追い込み猟など群れを対象としており、その狩猟は従前の協業とは根底から手法を転換している。したがって平時は限られた人数、つまり家族を単位とした猟法が中心になってきたのであろう。家族内の男性による狩猟活動は、拠点的な集落と狩り場との回帰的な離合集散を行なうことになったのである。そのために拠点集落には比較的長く滞在することになり、竪穴状遺構や石囲いの炉▲が利用されるようになったのであろう。

河川に沿った集落の構築から見てわかるように、中形・小形動物のみならず、魚に対しても同時に眼が向けられた可能性が高い。例えば縄文時代草創期初頭

▼竪穴状遺構と炉　炉や竪穴状遺構は、気候がますます寒冷化したことから構築された可能性があろう。

期の細身の石槍を大量に出土した東京都あきる野市前田耕地遺跡▲ではサケの顎歯が検出された(図29)。加えてクマも狩猟していることから、秋に遡上したサケを捕獲するとともに、サケを食べにきたクマの猟も行なっていたことを示している。約一万七〇〇〇年前の後期旧石器時代終末の細石器文化の新潟県長岡市荒屋遺跡でも、川の岸に接する位置に貯蔵穴や竪穴状遺構が配置され、サケ・マス漁を行なっていたことが推定されている。したがって加藤晋平氏も指摘するように河川漁労は後期旧石器時代の後半の段階までさかのぼる可能性が高い。約二万二〇〇〇年前の神奈川県相模原市田名向原遺跡は相模川の川辺に位置しており、住居状遺構が検出され、そこでも河川漁労が行なわれていたと推定されるのである。

このようにみても後期旧石器時代は肉食動物に対する依存度が大きく転換し、かつ今まで行なわれなかった河川漁労によって新しい生活の活路を見いだしていったのであろう。

生活をしていくうえで、狩猟具や加工具の石材確保はきわめて重要なことである。石器は機能や用途に応じて石材を違えており、そのため、手に入りにく

▼**前田耕地遺跡**　低位段丘上にあり、竪穴状遺構と住居状遺構がそれぞれ一棟ずつ検出された。その竪穴状遺構から多量のサケの顎歯が出土し、サケ漁を行なっていたことが実証された。

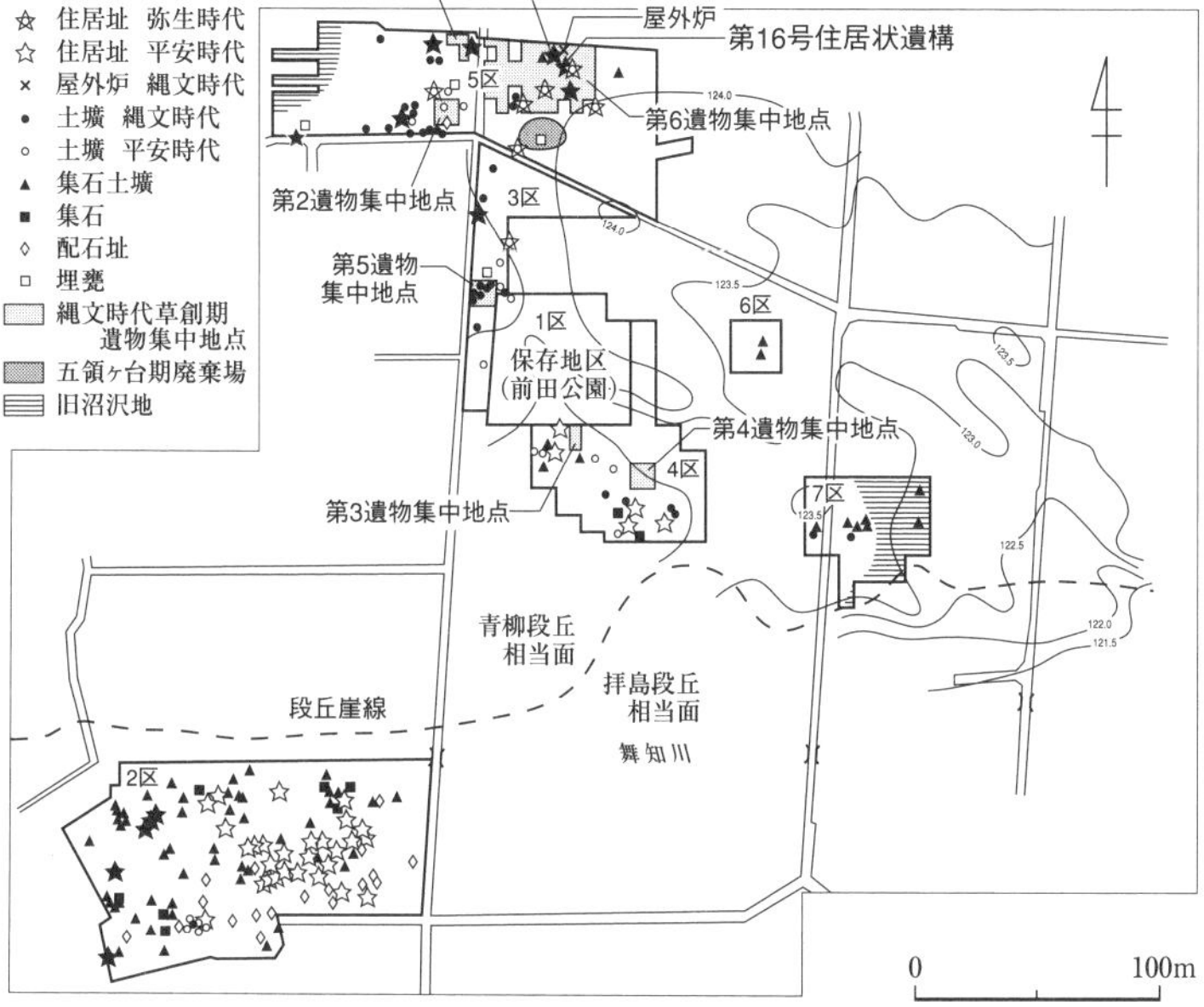

前田耕地遺跡全体図

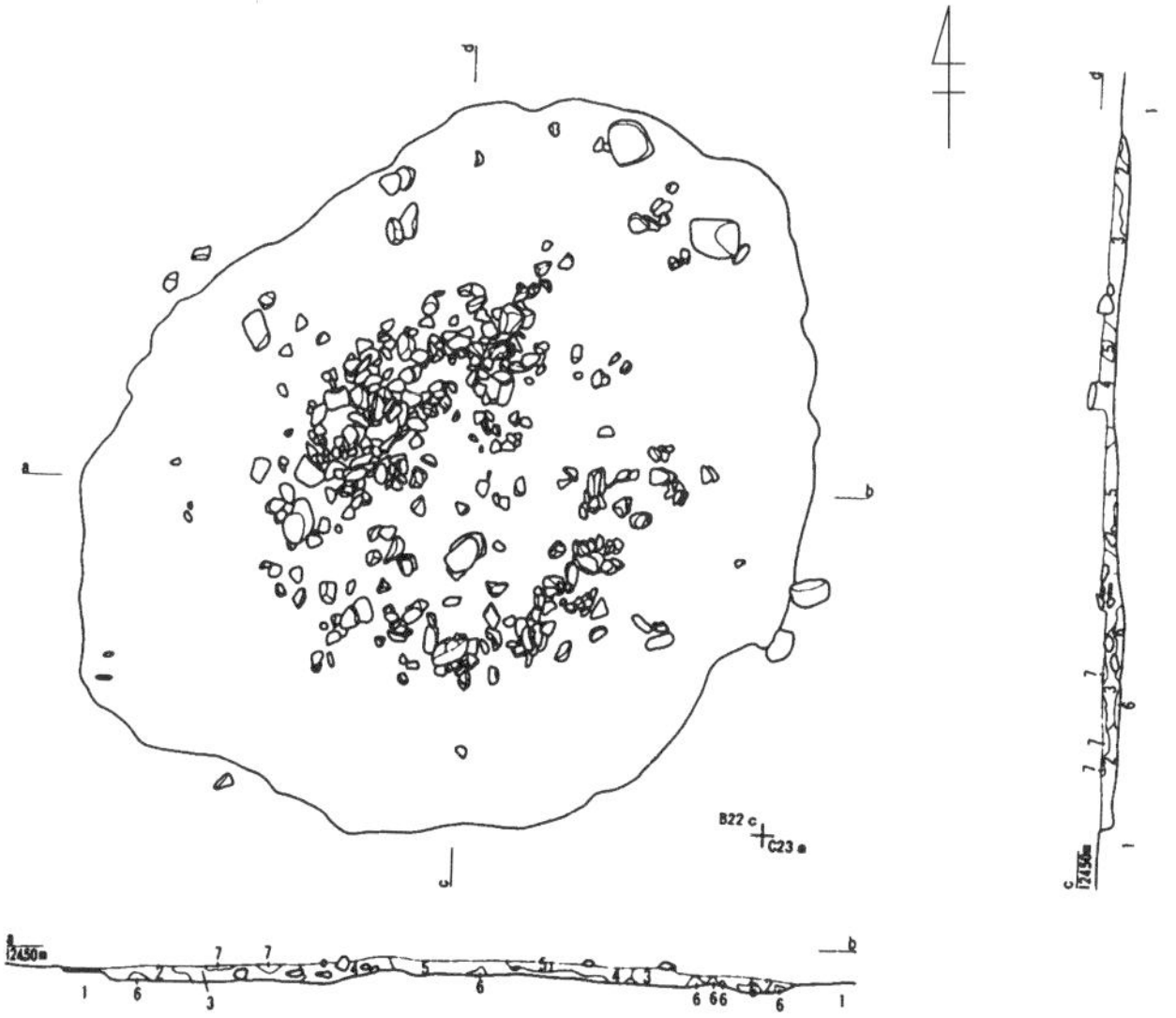

第17号竪穴状遺構

●—図29 前田耕地遺跡とサケの顎歯を出土した竪穴状遺構

い遠隔地の石材確保は、日常生活において欠かすことができない重要な仕事であった。そしてそれらの石材はおそらく他地域から交換を通して取得していたものと思われる。その結果、他地域との交流は単に石材交換のみならず、様々な情報や交易、結婚を含めた結びつきが想定されるのである。

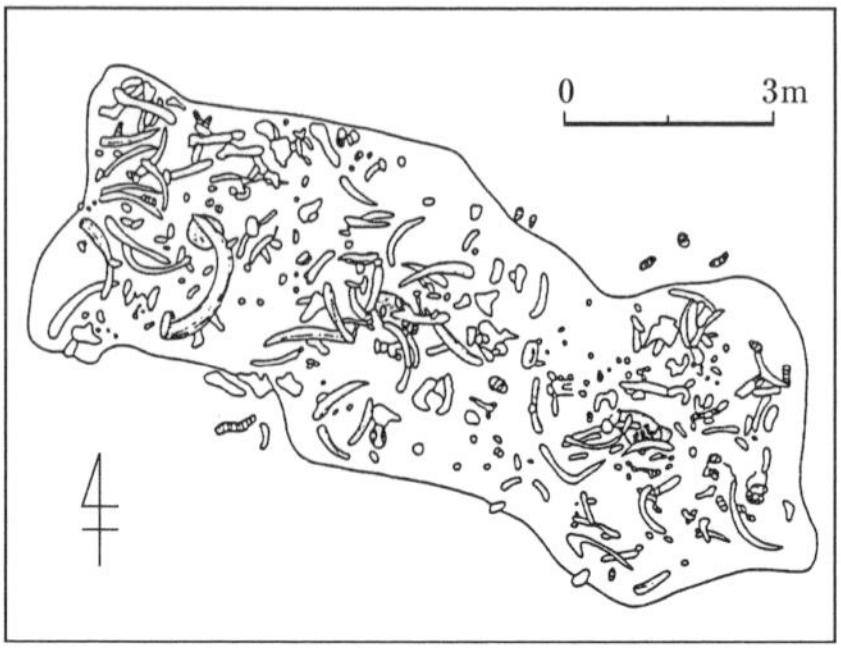

●—図30　ウクライナ・プシュカリ第Ⅰ遺跡のロングハウスと住居想定図（次ページ）

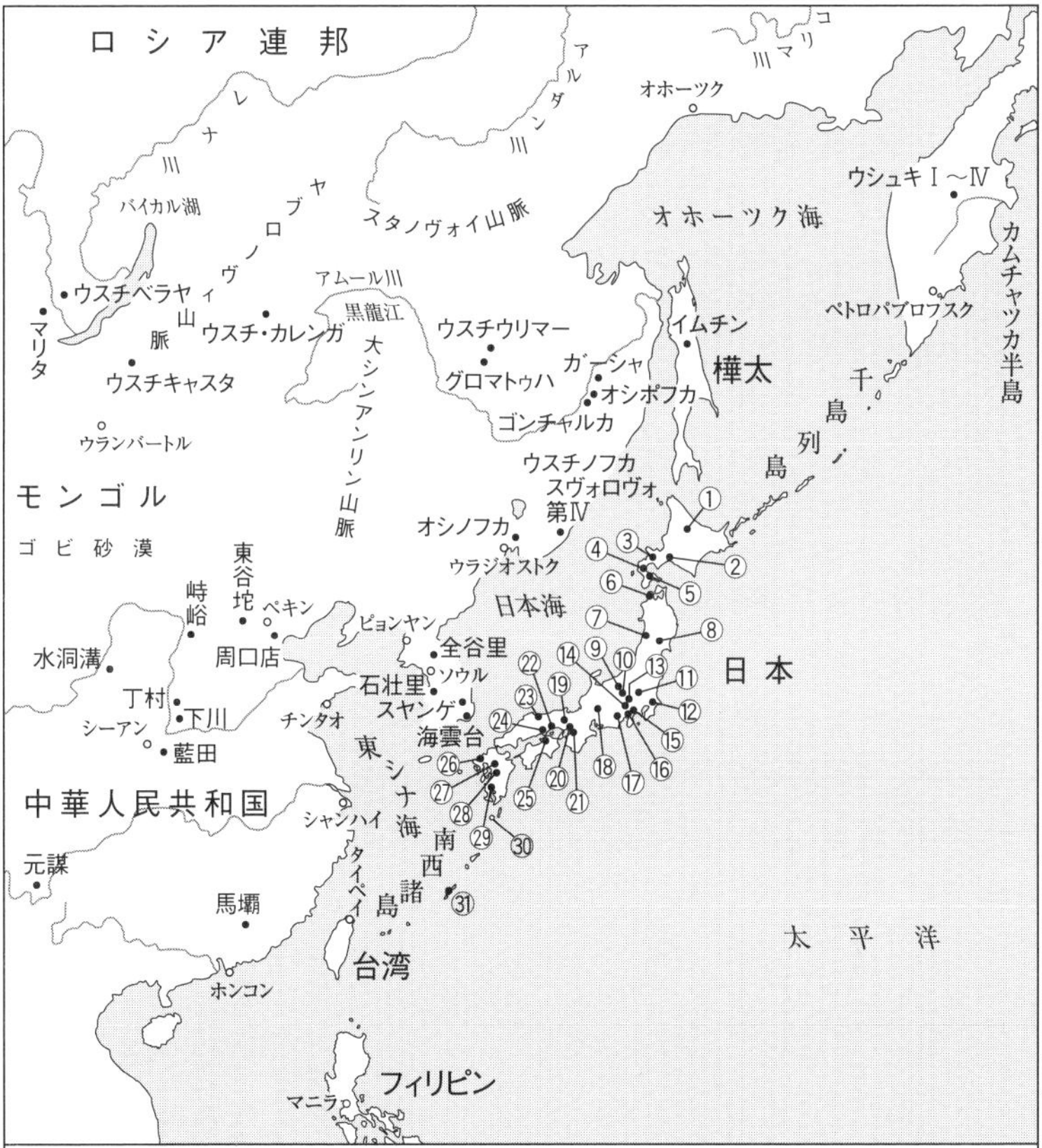

① 白滝　⑨ 日向林　⑰ 初音ケ原、中見代　㉕ 国府台
② 柏台Ⅰ　⑩ 男女倉、矢出川、香坂山、竹佐中原　⑱ 日野、寺田　㉖ 福井、泉福寺
③ 立川　⑪ 岩宿　⑲ 群家今城　㉗ 曲野
④ 美利河Ⅰ　⑫ 東内野　⑳ 国府、二上山　㉘ 狸谷
⑤ 湯の里　⑬ 白草　㉑ 翠鳥園　㉙ 加治尾園
⑥ 太平山元　⑭ 砂川　㉒ 井島　㉚ 立切
⑦ 角二山　⑮ 鈴木、野川･武蔵台、高井戸、前原、仙川　㉓ 恩原　㉛ 港川
⑧ 富沢　⑯ 月見野、栗原中丸、寺尾、吉岡、代官山、柏ケ谷長ヲサ　㉔ 鷲羽山

●──図31　東北アジアの旧石器時代の主な遺跡分布

●— 図版所蔵・提供者一覧(敬称略, 五十音順)

長万部町教育委員会　カバー裏
(財)かながわ考古学財団　p. 84, p. 90
県立畜産試験場遺跡調査会(群馬県)　p. 71
佐世保市教育委員会　p. 78
田名塩田遺跡群発掘調査団　p. 77
知内町郷土資料館・北海道立埋蔵文化財センター　p. 74
長野県立歴史館　扉
府中市郷土の森博物館　カバー表
明治大学博物館　p. 71下
北海道立埋蔵文化財センター　p. 58

製図：曾根田栄夫

報告考古学第1冊, 1956年)を改変。

図16　佐藤宏之「台形様石器研究序論」(『考古学雑誌』73－3)を改変。

図20　白石浩之・加藤千恵子『吉岡遺跡群 ── ＡＴ降灰以前の石器文化Ⅲ』(かながわ考古学財団調査報告7, 1996年)を改変。

図21　岩崎恭一「3．第Ⅰ文化層の調査」『下触牛伏遺跡』財団法人群馬県埋蔵文化財調査事業団, 1986年。谷和隆「上信越自動車道埋蔵文化財発掘調査報告書15　信濃町内その1・日向林Ｂ」(『長野県埋蔵文化財センター発掘報告書』48, 2000年)を改変。

図22　鈴木次郎『栗原中丸遺跡』神奈川県埋蔵文化財報告書18, 1984年。

図23　畑宏明「Ｖ層の遺構 ── 湯の里4遺跡の調査」(『湯の里遺跡群』北海道埋蔵文化財報告書18, 1985年)を改変。

図24　佐世保市教育員会『史跡福井洞窟発掘調査速報』佐世保市文化財調査報告書10, 2013年を改変

図25　鈴木敏中・前嶋秀張『静岡県三島市初音ケ原遺跡』1999年。

図26　古田幹『埼玉県朝霞市泉水山・下ノ原遺跡Ⅶ』朝霞市泉水山・下ノ原遺跡調査会, 1998年。

図27　白石浩之「石槍の分布とその様相 ── 樋状剝離尖頭器から見た集団の動き」(『人間・遺跡・遺物』3, ミュゼ, 1977年)と Colin Rnfrew and Paul Bahan, *Archaeology —Theories, Methods, and Practice*, Thames and Hudson Ltd., London, 1997.をそれぞれ改変。

図29　東京都教育委員会『前田耕地遺跡 ── 縄文時代草創期資料集』2002年を改変。

図30　J. Jelinek, *The Pictorial Encyclopedia of Tha Evolution of Man*, The Hamlym Publishing Group Ltd., 1975.

図12・13・17・18・19・28・31　著者作成。

●—図版出典一覧

図1　岡本東三「先土器時代から縄紋時代へ」(『考古学研究』33－1, 1986年)を改変。

図2　Stuiver, M., Grootes, P. M and Braziunas, T. E. “The GISP2 δ^{18} O climate record of the past 16,500 years and the role of the sun, ocean and volcanoes”, *Quat. Res.* 44. 1995. Stuiver, M., Reimer, P. J., Bard, E., Beck, J.W., Burr, G. S., Hughen, K. A., Kromer, B., McCormac, G., van der Plicht, J. and Spurk, M. “INTCAL 98 radiocarbon age calibration, 24,000-0cal BP”, *Radiocarbon*, 40. 1998. 春成秀爾「旧石器時代から縄文時代へ」『第四紀研究』40－6, 2001年。

図3　河村善也「後期更新世の日本列島および周辺の哺乳動物相」(1990年, 京都文化博物館『ヒトの来た道』1977年)93・94図をもとに編図。

図4　直良信夫「岩手県花泉町金森の化石類と人類遺物と考想される骨角器について」(『第四紀研究』1－4, 1959年)を改変。

図5　町田洋・新井房夫「広域に分布する火山灰 ── 姶良Tn火山灰の発見とその意義」『科学』46－6, 1976年。町田洋『火山灰は語る』第2版(蒼樹書房, 1987年)を改変。

図6　小田静夫他『高井戸東遺跡』(1977年)と砂田佳弘他『吉岡遺跡群Ⅰ』(かながわ考古学財団調査報告6, 1996年)を改変。

図7　藁科哲男「石器原材の産地分析」(『新しい研究法は考古学になにをもたらしたか』クバプロ, 1995年)を改変。

図8　柴田徹「使用石材からみた旧石器時代の関東地方における地域性について」(『松戸市博物館紀要』1－3, 1994年)を改変。

図9　松藤和人「旧石器時代人の文化」『日本の古代4』中央公論社, 1986年。

図10　松沢亜生「石器づくりに親しんだ人びと──石加工にみる古代人の高度な技術」(『日本古代史②文化の源流をさぐる　縄文人との対話』集英社, 1986年)を改変。

図11　吉崎昌一「道具の発達Ⅰ」『北海道の化石』北海道地学教育連絡会, 1964年。

図14　国武貞克『香坂山遺跡2021年度発掘調査成果報告書』中央アジア旧石器研究報告8, 2022年を改変

図15　杉原荘介『群馬県岩宿遺跡発見の石器文化』(明治大学文学部研究

の検討による石器群の段階的把握」『神奈川考古』24, 1988年
田中英司「砂川型式期石器群の研究」『考古学雑誌』69–4, 1984年
地学団体研究会『新版地学辞典』平凡社, 1996年
辻誠一郎「用田バイパス関連遺跡群Ⅲ地区(北)ローム(BB1)層中出土炭化材による古環境の復元に関する成果報告」『公開セミナー記録集「用田バイパス関連遺跡群ローム層中出土の炭化材」』1998年
戸沢充則「日本列島の形成と人類の登場」『日本歴史大系１』山川出版社, 1984年
那須孝悌「先土器時代の環境」『岩波講座日本考古学２　人間と環境』岩波書店, 1985年
福井淳一他『千歳市柏台１遺跡』北海道埋蔵文化財調査報告書138, 1999年
福沢仁之「氷河期以降の気候の年々変動を読む」『科学』68–4, 1998年
町田洋・新井房夫「広域に分布する火山灰—姶良 Tn 火山灰の発見とその意義」『科学』46–6, 1976年
松藤和人「瀬戸内技法の再検討」『ふたがみ —— 二上山北麓石器時代遺跡群分布調査報告』1974年
山内清男・佐藤達夫「縄紋土器の古さ」『科学読売』121–13, 1962年
吉崎昌一「白滝遺跡と北海道の無土器文化」『季刊民族学研究』26–1,1961年

図版に関連する文献

岩崎恭一「３．第Ⅰ文化層の調査」『下触牛伏遺跡』財団法人群馬県埋蔵文化財調査事業団, 1986年
大島秀俊「北海道でも旧石器接合資料 —— 北限のナイフ形石器」『発掘された日本列島2000』朝日新聞社, 2000年
戸田哲也・麻生順司「相模原市田名向原 No.４遺跡の住居状遺構」『公団セミナー記録集　用田バイパス関連遺跡群ローム層中出土の炭化材・旧石器遺跡群の住居遺構を探る』かながわ考古学財団・神奈川県立埋蔵文化財センター, 1998年
早川泉・横山裕平・川口潤『武蔵台遺跡C』都立府中病院内遺跡調査会, 1984年
福井淳一・越田賢一郎『千歳市柏台Ⅰ遺跡』(財)北海道埋蔵文化財センター調査報告書第138集, 1999年
吉田政行・栗原伸好「吉岡遺跡群B区と用田鳥居前遺跡との遺跡間接合」『第７回石器文化研究交流会発言要旨』石器文化研究会, 2001年

●─参考文献

相沢忠洋『「岩宿」の発見　幻の石器を求めて』講談社, 1969年
赤澤威・小田静夫・山中一郎『日本の旧石器』立風書房, 1980年
麻生優「層位論」『岩波講座日本考古学１研究の方法』岩波書店, 1985年
麻生優編『泉福寺洞穴の発掘記録』佐世保市教育員会, 1984年
安蒜政雄「砂川遺跡における遺跡の形成と石器製作の作業体系」『駿台史学』86, 1992年
出居博『上林遺跡』佐野市埋蔵文化財調査報告書, 2004年
稲田孝司編『旧石器人の生活と集団』古代史復元１, 1988年
江上波夫他「座談会日本石器時代文化の源流と下限を語る」『ミネルヴア』創刊号, 1936年
小野昭『打製骨器論──旧石器時代の探求』東京大学出版会, 1991年
織笠昭「殿山技法と国府型ナイフ形石器」『考古学雑誌』72-4, 1987年
工藤雄一郎『旧石器・縄文時代の環境文化史──高精度放射性炭素年代測定と考古学』新泉社, 2012年
国武貞克『香坂山遺跡2021年度発掘成果報告書』中央アジア旧石器研究報告８, 2022年
小菅将夫・大工原豊・麻生敏隆『群馬の旧石器』みやま文庫175, 2004年
小林謙一『縄紋時代の実年代──土器型式編年と炭素14年代』同成社, 2017年
小林達雄「長野県西筑摩郡開田村柳又遺跡の有舌尖頭器とその範型」『信濃』19-4, 1967年
小林達雄「日本列島の旧石器時代文化の３時期について」『国立歴史民俗博物館研究報告』21, 1986年
佐世保市教育員会『史跡福井洞窟発掘調査報告書』佐世保市文化財調査報告書４, 2016年
白石浩之「旧石器時代」『吉岡遺跡群Ⅵ』かながわ考古学財団調査報告39, 1998年
白石浩之『石槍の研究──旧石器時代から縄文時代草創期にかけて』ミュゼ, 2001年
砂田佳弘「相模野の細石器──その発生と展開に向けて」『神奈川考古』24, 1988年
諏訪間順「相模野台地における石器群の変遷について──層位的出土例

日本史リブレット 1

旧《きゅう》石器《せっき》時代《じだい》の社会《しゃかい》と文化《ぶんか》

2002年5月15日　1版1刷　発行
2023年12月30日　1版7刷　発行

著者：白石浩之《しらいしひろゆき》

発行者：野澤武史

発行所：株式会社 山川出版社

〒101－0047　東京都千代田区内神田1－13－13
電話 03(3293)8131(営業)
03(3293)8135(編集)
https://www.yamakawa.co.jp/

印刷所：明和印刷株式会社

製本所：株式会社 ブロケード

装幀：菊地信義

ISBN 978-4-634-54010-1

日本史リブレット　第Ⅰ期［68巻］・第Ⅱ期［33巻］　全101巻

1 旧石器時代の社会と文化
2 縄文の豊かさと限界
3 弥生の村
4 古墳とその時代
5 大王と地方豪族
6 藤原京の形成
7 古代都市平城京の世界
8 古代の地方官衙と社会
9 漢字文化の成り立ちと展開
10 平安京の暮らしと行政
11 蝦夷の地と古代国家
12 受領と地方社会
13 出雲国風土記と古代遺跡
14 東アジア世界と古代の日本
15 地下から出土した文字
16 古代・中世の女性と仏教
17 古代寺院の成立と展開
18 都市平泉の遺産
19 中世に国家はあったか
20 中世の家と性
21 武家の古都、鎌倉
22 中世の天皇観
23 環境歴史学とはなにか
24 武士と荘園支配
25 中世のみちと都市
26 戦国時代、村と町のかたち
27 破産者たちの中世
28 境界をまたぐ人びと
29 石造物が語る中世職能集団
30 中世の日記の世界
31 板碑と石塔の祈り
32 中世の神と仏
33 中世社会と現代
34 秀吉の朝鮮侵略
35 町屋と町並み
36 江戸幕府と朝廷
37 キリシタン禁制と民衆の宗教
38 慶安の触書は出されたか
39 近世村人のライフサイクル
40 都市大坂と非人
41 対馬からみた日朝関係
42 琉球の王権とグスク
43 琉球と日本・中国
44 描かれた近世都市
45 武家奉公人と労働社会
46 天文方と陰陽道
47 海の道、川の道
48 近世の三大改革
49 八州廻りと博徒
50 アイヌ民族の軌跡
51 錦絵を読む
52 草山の語る近世
53 21世紀の「江戸」
54 近代歌謡の軌跡
55 日本近代漫画の誕生
56 海を渡った日本人
57 近代日本とアイヌ社会
58 スポーツと政治
59 近代化の旗手、鉄道
60 情報化と国家・企業
61 民衆宗教と国家神道
62 日本社会保険の成立
63 歴史としての環境問題
64 近代日本の海外学術調査
65 戦争と知識人
66 現代日本と沖縄
67 新安保体制下の日米関係
68 戦後補償から考える日本とアジア
69 遺跡からみた古代の駅家
70 古代の日本と加耶
71 飛鳥の宮と寺
72 古代東国の石碑
73 律令制とはなにか
74 正倉院宝物の世界
75 日宋貿易と「硫黄の道」
76 荘園絵図が語る古代・中世
77 対馬と海峡の中世史
78 中世の書物と学問
79 史料としての猫絵
80 寺社と芸能の中世
81 一揆の世界と法
82 戦国時代の天皇
83 日本史のなかの戦国時代
84 兵と農の分離
85 江戸時代のお触れ
86 江戸時代の神社
87 大名屋敷と江戸遺跡
88 近世商人と市場
89 近世鉱山をささえた人びと
90 「資源繁殖の時代」と日本の漁業
91 江戸の浄瑠璃文化
92 江戸時代の老いと看取り
93 近世の淀川治水
94 日本民俗学の開拓者たち
95 軍用地と都市・民衆
96 感染症の近代史
97 陵墓と文化財の近代
98 徳富蘇峰と大日本言論報国会
99 労働力動員と強制連行
100 科学技術政策
101 占領・復興期の日米関係